Gérard Bonnefond
Daniel Daviaud
Bernard Revranche

Mathématiques

5ᵉ

12/13 ANS

Conforme aux nouveaux programmes

Chouette mode d'emploi

Bonjour,

Tu viens d'acquérir ce cahier de la collection « Chouette entraînement » et tu voudrais savoir ce qu'il contient et comment l'utiliser au mieux.

Se repérer dans le cahier

■ Cet ouvrage est composé

– D'un **cahier principal** qui contient 29 chapitres d'entraînement. Ces chapitres ont été regroupés en deux parties et sont conformes aux nouveaux programmes.

– D'un **cahier central de corrigés détachable** qui contient les corrigés détaillés de tous les exercices, accompagnés de commentaires pour t'aider à comprendre les solutions données.

■ Pour **choisir un thème de révision**, tu peux bien sûr utiliser le sommaire (page 3) ; tu peux aussi faire une recherche plus précise grâce à l'index (page 64).

■ N'hésite pas à consulter souvent le **tableau des unités de mesure** (page 62) et le **formulaire de géométrie** (page 63).

S'entraîner sur un thème

Voici un exemple de chapitre correspondant à un thème de révision. Il se compose :
– de courtes **leçons** sur les points clés du cours ;
– d'une **série d'exercices** qui te permettent de t'entraîner de manière efficace.

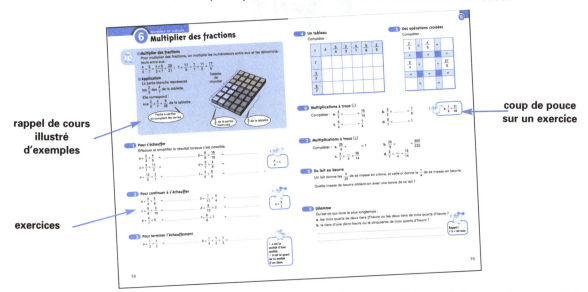

rappel de cours illustré d'exemples

exercices

coup de pouce sur un exercice

Il me reste à te souhaiter un bon travail !

ÉDITION : Anne Panaget. MAQUETTE : Frédéric Jély. MISE EN PAGES : Laser Graphie.

© Hatier, Paris, janvier 2007   ISBN 2-218-**92490**-0

Toute représentation, traduction, adaptation ou reproduction, même partielle, par tous procédés, en tous pays, faite sans autorisation préalable est illicite et exposerait le contrevenant à des poursuites judiciaires. Réf : loi du 11 mars 1957, alinéas 2 et 3 de l'article 41. Une représentation ou reproduction sans autorisation de l'éditeur ou du Centre français d'exploitation du droit de Copie (20, rue des Grands-Augustins, 75006 PARIS) constituerait une contrefaçon sanctionnée par les articles 425 et suivants du Code pénal.

Sommaire

Nombres et calculs

1. Revoir les multiples et les diviseurs 4
2. Connaître les règles de priorité 6
3. Utiliser la distributivité 8
4. Comparer des fractions 10
5. Additionner et soustraire des fractions 12
6. Multiplier des fractions 14
7. Utiliser des nombres relatifs 16
8. Comparer des nombres relatifs 18
9. Additionner des nombres relatifs 20
10. Soustraire des nombres relatifs 22
11. Connaître la proportionnalité 24
12. Calculer et utiliser des échelles 26
13. Appliquer un pourcentage 28
14. Calculer un pourcentage 30
15. Repérer des points 32
16. Diagrammes statistiques ; fréquences 34

Géométrie et mesures

17. Construire des symétriques par rapport à un point 36
18. Reconnaître des axes et des centres de symétrie 38
19. Symétries et angles 40
20. Connaître et utiliser les parallélogrammes 42
21. Connaître et utiliser les rectangles 44
22. Connaître et utiliser les losanges 46
23. Construire des triangles 48
24. Connaître des droites remarquables 50
25. Connaître les propriétés des triangles particuliers 52
26. Calculer des aires de parallélogrammes et de triangles 54
27. Calculer le périmètre et l'aire d'un disque 56
28. Décrire des prismes et des cylindres 58
29. Calculer des aires et des volumes 60

Unités de mesure 62
Formulaire de géométrie 63
Index 64

Les corrigés des exercices sont situés dans un cahier central paginé de **1** à **48**.

1 Revoir les multiples et les diviseurs

Nombres et calculs

■ **Critères de divisibilité**

Un nombre entier est divisible par
- 2 si le chiffre des unités est pair
- 3 si la somme des chiffres est divisible par 3
- 4 si les 2 derniers chiffres forment un multiple de 4
- 5 si le chiffre des unités est 0 ou 5
- 9 si la somme des chiffres est divisible par 9

1 Vocabulaire

Compléter avec « diviseur » ou « multiple » :

240 est un .... de 5   6 est un .... de 240

240 a pour 5   8 a pour 240

2 Vrai ou Faux ?

Compléter par « Vrai » ou « Faux » :

• Un nombre pair est un nombre divisible par 2 : ....

• Un nombre impair est toujours divisible par 3 : ....

• « 5 est un diviseur de *n* » signifie que « *n* est multiple de 5 » : ....

• Un nombre dont le chiffre des unités est 4, est toujours divisible par 4 : ....

3 Bien entouré

Entourer les nombres entiers qui sont multiples de 9 :

| 343 | 2 007 | 135 | 3 780 |
| 1 515 | 412 | 123 | 111 114 |

4 C'est à souligner

a. Dans la liste précédente souligner les nombres entiers qui sont multiples de 5.

b. Certains nombres sont à la fois entourés et soulignés. Ils ont un diviseur commun plus grand que 9. Quel est ce diviseur ? ....

On pourra effectuer des divisions pour vérifier.

5 Basique

Effectuer, en la posant, la division euclidienne de 1 789 par 68.
Donner :
le quotient : .... ;
le reste : .... ;
le dividende : .... ;
le diviseur : ....
Compléter :
1 789 = 68 × .... + ... et .... < 68.

Pose la division au brouillon.

6 Embouteillage

Un vigneron met 4 735 bouteilles dans des cartons de 12.
Calculer le nombre de cartons pleins et donner le nombre de bouteilles restantes.

....

....

7 De grands multiples de 3

a. Le nombre 1 234 321 n'est pas divisible par 3.

Pourquoi ? ....

b. Modifier le chiffre de ses unités afin qu'il soit divisible par 3.
(Donner toutes les solutions possibles.)

....

c. Parmi les solutions précédentes, quels sont :

• les nombres pairs ? ....

• les nombres multiples de 5 ? ....

• les nombres divisibles par 4 ? ....

• les nombres de la forme $9n$? ....

Ces nombres sont les multiples de 9.

2 — Connaître les règles de priorité

Nombres et calculs

■ **Priorité des opérations**
• En l'absence de parenthèses, on effectue les **multiplications** et les **divisions avant** les **additions** et les **soustractions**.

Exemples : $a = 2 + 3 \times 5 = 2 + 15 = 17$; $b = 15 \times 3 - 8 \div 2 = 45 - 4 = 41$.

• S'il n'y a que des multiplications et des divisions, on effectue les calculs dans l'ordre, de gauche à droite :

$c = 3 \times 4 \div 5 \times 2 = 12 \div 5 \times 2 = 2{,}4 \times 2 = 4{,}8$.

1 Priorité de × sur les +

$a = 4 \times 4 + 4 \times 4 =$ ....

$b = 4 + 4 \times 4 + 4 =$ ....

$c = 4 + 4 \times 4 \times 4 =$ ....

$d = 6 + 6 \times (6 \times 6 + 6) =$ ....

> Effectue d'abord les calculs à l'intérieur des parenthèses.

2 La chasse aux fausses

Parmi les égalités suivantes, certaines sont fausses ; corriger alors le second membre.

a. $3 \times 9{,}2 + 0{,}2 - 1 = 26{,}8$ ....

b. $5 \times 0{,}7 - 0{,}7 = 0$ ....

c. $67 + 3 \times 100 = 7\,000$ ....

d. $15 \div 3 + 2 - 2 = 1$ ....

> Le second membre c'est ce qu'il y a à droite du signe =.

3 Trop, c'est trop ! (1)

Dans les expressions suivantes, rayer les parenthèses inutiles puis effectuer le calcul.

$a = ((3 \times 7) + (7 \times 8)) =$ ....

$b = (5 + 4) + (5 \times 4) =$ ....

$c = 11 \times (8 \times 9) =$ ....

$d = 2 + (9 - (7 + 1)) =$ ....

4 Trop, c'est trop ! (2)

Même exercice avec les expressions :

$a = \left(4 \times \left(5 \times \left(7 \times (8 + 10)\right)\right)\right) =$ ....

$b = (1 + 2) + 2{,}4 \div (3 + 5) =$ ....

$c = \dfrac{4}{\left(\dfrac{25}{5}\right)} =$ ....

5 Bien barrer

Barrer les expressions qui ne sont pas égales à 15.

$a = 5 + 4 + 3 \times 2 \times 1$ $b = 5 + 4 \times 3 + 2 \times 1$ $c = 5 + 4 \times 3 \times 2 + 1$

Fais tes calculs au brouillon.

6 Suppression

Supprimer une paire de parenthèses dans les expressions suivantes pour que les égalités soient vraies :

$a = (9 + 5) \times (8 + 2) = 114$ $b = (9 + 5) \times (8 + 2) = 59$ $c = 2 + 3 \times ((5 + 2) \times 4) = 41$

7 Traduction

Écrire sous forme de calculs « en ligne » puis effectuer :

a. Le produit de 3 par la somme de 7 et 9 :

....

b. La somme de 16 et du produit de 4 par 5 :

....

c. La somme des produits de 13 par 11 et de 14 par 19 :

....

8 Périmètre et aire

a. Calculer le périmètre de cette figure :

b. Calculer son aire : ....

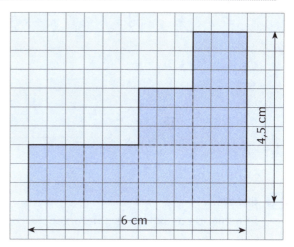

9 Calcul d'un périmètre

Calculer le périmètre de la figure ci-contre :

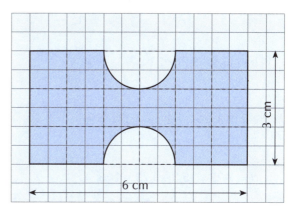

3 Utiliser la distributivité

Nombres et calculs

■ **Distributivité**
La multiplication est **distributive** par rapport à l'addition et à la soustraction.

$$k \times (a + b) = k \times a + k \times b$$
$$k \times (a - b) = k \times a - k \times b$$

Dans un sens :
12 × 21 = 12 × (20 + 1) = 12 × 20 + 12 × 1 = 240 + 12 = 252
15 × 39 = 15 × (40 − 1) = 15 × 40 − 15 × 1 = 600 − 15 = 585

Dans l'autre :
4 × 11 − 4 × 7 = 4 × (11 − 7) = 4 × 4 = 16
7 × 9 + 7 = 7 × 9 + 7 × 1 = 7 × (9 + 1) = 7 × 10 = 70

Excellent pour le calcul mental

1 De la pratique…

Effectuer de deux façons différentes :

a = 11 × (7 + 6)   =

b = 13 × (100 − 2)   =

c = 40 × (40 + 3)   =

d = (20 − 3) × 15   =

Exemples :
• 2 × (30 + 5)
= 2 × 35
= 70

• 2 × (30 + 5)
= 2 × 30 + 2 × 5
= 60 + 10
= 70

2 Encore…

Effectuer de deux façons différentes :

a = 7 × (13,1 + 14,3)   =

b = (5,4 + 9,8) × 23   =

c = 2,3 × 5,7 + 2,3 × 4,3   =

d = 9,73 × 15,3 − 9,73 × 14,3   =

Souvent, l'une des deux formes facilite le calcul mental.

3 Une multiplication

Calculer les expressions suivantes en n'effectuant dans chaque cas qu'une seule multiplication :

a = 151 × 47 + 151 × 53 = ...

b = 13 × 2,3 + 5,7 × 13 = ...

c = 21 × 3,4 + 21 × 5,4 − 0,8 × 21 = ...

d = 32 × 23,5 − 3,5 × 32 = ...

4 Mentalement

Calculer mentalement les expressions suivantes :

a = 2,5 × 17,3 + 2,5 × 2,7 = ...

b = 2,5 × 17,3 − 2,5 × 7,3 = ...

c = 22,4 × 41 + 77,6 × 41 = ...

d = 22,4 × 41 − 41 × 2,4 = ...

5 Multiplications par 9 et 99

Calculer mentalement les expressions :

a = 37 × 9 = ... b = 375 × 9 = ...

c = 37 × 99 = ... d = 375 × 99 = ...

9 = 10 − 1
99 = 100 − 1
Tu peux donc poser une soustraction.

6 Multiplications par 11 et 101

Calculer mentalement les expressions :

a = 37 × 11 = ... b = 375 × 11 = ...

c = 37 × 101 = ... d = 375 × 101 = ...

11 = 10 + 1
101 = 100 + 1
Tu peux donc poser une addition.

7 À la boulangerie

Garry demande 3 pains à 0,85 € l'un et 3 baguettes à 0,65 € l'une.
Calculer de deux façons le montant des achats de Garry.

....

....

....

4 Comparer des fractions

■ Fractions égales

$$\frac{k \times a}{k \times b} = \frac{a}{b}$$

Cette propriété permet de :
• Simplifier une fraction :

$$\frac{56}{40} = \frac{8 \times 7}{8 \times 5} = \frac{7}{5}$$

On a simplifié par 8

• Remplacer une fraction par une autre fraction de même valeur mais ayant un autre dénominateur.

Exemple : $\frac{2}{3} = \frac{?}{12}$

Réponse : $\frac{2}{3} = \frac{2 \times 4}{3 \times 4} = \frac{8}{12}$

• Supprimer des virgules dans un quotient :

$$\frac{7}{0,25} = \frac{7 \times 100}{0,25 \times 100} = \frac{700}{25} = 28 \quad ; \quad \frac{6,1}{34,7} = \frac{6,1 \times 10}{34,7 \times 10} = \frac{61}{347}$$

■ Comparaisons de fractions

Des fractions de même dénominateur sont rangées dans l'ordre de leurs numérateurs.

Exemple : $\frac{12}{23} < \frac{15}{23}$

1 Simplifications

Simplifier les fractions suivantes :

$a = \frac{4}{6} = \frac{2 \times 2}{2 \times 3} = \frac{...}{...}$; $b = \frac{2}{20} = \frac{...}{...} = \frac{...}{...}$; $c = \frac{6}{12} = \frac{...}{...} = \frac{...}{...}$; $d = \frac{25}{35} = \frac{...}{...} = \frac{...}{...}$

2 Fractions égales

Compléter : $a = \frac{7}{4} = \frac{7 \times ...}{4 \times ...} = \frac{...}{12}$ $\qquad$ $b = \frac{8}{5} = \frac{... \times ...}{... \times ...} = \frac{...}{20}$

$c = \frac{3}{20} = \frac{........}{........} = \frac{21}{...}$ $\qquad$ $d = \frac{25}{35} = \frac{... \times 5}{... \times ...} = \frac{...}{7} = \frac{... \times ...}{... \times ...} = \frac{...}{14}$

3 Même dénominateur (1)

Écrire des fractions égales à A et à B et ayant un même dénominateur :

a. $A = \frac{17}{8} = \frac{...}{...}$ et $B = \frac{8}{4} = \frac{...}{...}$ $\qquad$ **b.** $A = \frac{31}{100} = \frac{...}{...}$ et $B = \frac{4}{10} = \frac{...}{...}$

Ici, il suffit de modifier une seule fraction.

4 Même dénominateur (2)

Même exercice :

a. $A = \frac{2}{3} = \frac{...}{...}$ et $B = \frac{3}{2} = \frac{...}{...}$ $\qquad$ **b.** $A = \frac{7}{6} = \frac{...}{...}$ et $B = \frac{7}{10} = \frac{...}{...}$

a. Prends 6 pour dénominateur commun.
b. Prends 30 pour dénominateur commun.

5. Chasse aux virgules

Écrire les quotients suivants avec des dénominateurs entiers :

$a = \dfrac{3,6}{7,49} =$ .... ; $b = \dfrac{48}{0,009} =$ .... ; $c = \dfrac{3,14}{2,2} =$ ....

6. Comparaisons (1)

Compléter avec < ou > :

$\dfrac{25}{16}$ ...... $\dfrac{31}{16}$; $\dfrac{31}{17}$ ...... $\dfrac{30}{17}$; $\dfrac{25}{16}$ ...... $\dfrac{17}{30}$.

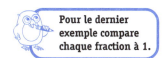
Pour le dernier exemple compare chaque fraction à 1.

7. Comparaisons (2)

Compléter avec < , > ou = en ayant d'abord modifié la première fraction :

$\dfrac{13}{3} = \dfrac{...}{...}$ ...... $\dfrac{24}{6}$; $\dfrac{4}{10} = \dfrac{...}{...}$ ...... $\dfrac{31}{100}$; $\dfrac{155}{500} = \dfrac{...}{...}$ ...... $\dfrac{312}{1\,000}$; $\dfrac{11}{5} = \dfrac{...}{...}$ ...... $\dfrac{55}{25}$.

8. Rangement

a. Compléter les égalités suivantes : $\dfrac{3}{4} = \dfrac{...}{12}$; $\dfrac{1}{2} = \dfrac{...}{12}$; $\dfrac{2}{3} = \dfrac{...}{12}$

b. Ranger les six fractions suivantes : $\dfrac{10}{12}$; $\dfrac{7}{12}$; $\dfrac{11}{12}$; $\dfrac{3}{4}$; $\dfrac{1}{2}$; $\dfrac{2}{3}$ dans l'ordre croissant :

....

c. Vérifier en utilisant une valeur approchée de chaque fraction.

....

9. Fractions d'un carré

Chaque partie coloriée est une fraction du carré. Indiquer cette fraction au-dessus de chaque figure et ranger ces fractions dans l'ordre croissant.

A = ...   B = ...   C = ...   D = ...   E = ...   F = ...

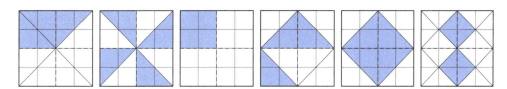

....

....

Pour ranger les fractions, écris-les avec le même dénominateur.

5 Additionner et soustraire des fractions

Nombres et calculs

■ Pour additionner ou soustraire des fractions, on s'arrange pour qu'elles aient le même dénominateur.

Ensuite, il n'y a plus qu'à additionner ou soustraire les numérateurs, comme sur les exemples suivants :

$$\frac{5}{17} + \frac{3}{17} = \frac{5+3}{17} = \frac{8}{17} \quad ; \quad \frac{5}{17} - \frac{3}{17} = \frac{5-3}{17} = \frac{2}{17}.$$

1 Pour s'échauffer
Effectuer et simplifier le résultat lorsque c'est possible.

$a = \dfrac{1}{5} + \dfrac{2}{5} =$ ....

$b = \dfrac{3}{4} - \dfrac{1}{4} =$ .... = ...

$c = \dfrac{11}{15} - \dfrac{6}{15} =$ .... = ...

2 Pour continuer à s'échauffer
Même exercice avec :

$a = \dfrac{13}{14} + \dfrac{8}{14} =$ .... = ...

$b = \dfrac{3}{20} + \dfrac{5}{20} + \dfrac{7}{20} =$ .... = ...

$c = \dfrac{45}{76} - \dfrac{27}{76} + \dfrac{1}{76} =$ .... = ...

3 En somme c'est facile (1)
Changer l'ordre des termes pour calculer facilement.

$a = \dfrac{4}{7} + \dfrac{3}{4} + \dfrac{2}{7} + \dfrac{5}{4} + \dfrac{1}{7}$

= ....

$b = \dfrac{4}{3} + \dfrac{3}{5} + \dfrac{7}{3} + \dfrac{2}{5} + \dfrac{1}{3}$

= ....

Remarques :
- $\dfrac{7}{7} = 7 \div 7 = 1$
- $\dfrac{8}{4} = 8 \div 4 = 2$

4 En somme c'est facile (2)

$a = \dfrac{5}{12} + \dfrac{5}{3} + \dfrac{2}{12} + \dfrac{2}{3} + \dfrac{1}{12}$

= ....

$b = \dfrac{5}{2} + \dfrac{3}{8} + \dfrac{7}{2} + \dfrac{6}{8} - 6$

= ....

5 Opérations croisées (1)
Compléter les cases vides pour que les égalités soient justes (en ligne et en colonne). Penser à simplifier les résultats quand c'est possible.

a.

	+	$\frac{2}{9}$	=	$\frac{5}{9}$
+		+		+
$\frac{5}{9}$	+		=	
=		=		=
	+		=	$\frac{17}{9}$

b.

$\frac{5}{4}$	+		=	$\frac{7}{4}$
−		+		−
$\frac{3}{4}$	−	$\frac{1}{4}$	=	
=		=		=
	+		=	

6 Opérations croisées (2)

Même exercice avec :

a.

	+	$\frac{7}{16}$	=	$\frac{15}{16}$
−		−		−
$\frac{5}{16}$	+	$\frac{3}{16}$	=	
=		=		=
	+		=	

b.

	+	$\frac{9}{8}$	=	$\frac{17}{8}$
+		−		+
		−		=
=		=		=
$\frac{11}{8}$	+	$\frac{7}{8}$	=	

7 Opérations croisées (3)

Même exercice avec :

a.

	−		=	
−		+		−
$\frac{3}{10}$	+	$\frac{2}{10}$	=	
=		=		=
$\frac{9}{10}$	−		=	$\frac{1}{10}$

b.

	−	$\frac{10}{9}$	=	$\frac{5}{9}$
−		−		−
	−	$\frac{2}{9}$	=	$\frac{1}{9}$
=		=		=
	−		=	

8 Tableaux

a. Compléter d'abord : $\frac{1}{3} = \frac{\ldots}{6}$, $\frac{2}{3} = \frac{\ldots}{6}$ et $\frac{1}{2} = \frac{\ldots}{6}$

b. Compléter les tableaux suivants et simplifier les résultats quand c'est possible :

+ ↷	$\frac{1}{6}$	$\frac{1}{3}$	$\frac{1}{2}$	$\frac{2}{3}$
$\frac{1}{6}$			$\frac{2}{3}$	
$\frac{1}{3}$				
$\frac{1}{2}$				
$\frac{2}{3}$				

− ↷	$\frac{1}{6}$	$\frac{1}{3}$	$\frac{1}{2}$	$\frac{2}{3}$
$\frac{2}{3}$				
$\frac{1}{2}$		$\frac{1}{6}$		
$\frac{1}{3}$				
$\frac{1}{6}$				

Exemples expliqués :

• $\frac{1}{6} + \frac{1}{2} = \frac{1}{6} + \frac{3}{6}$

$= \frac{4}{6} = \frac{2}{3}$

• $\frac{1}{2} - \frac{1}{3} = \frac{3}{6} - \frac{2}{6} = \frac{1}{6}$

9 Gourmandise

Toto mange un quart d'une tablette de chocolat, puis un huitième, puis deux seizièmes.
Reste-t-il la moitié de la tablette pour son petit frère ?

....

....

6 Multiplier des fractions

Nombres et calculs

■ **Multiplier des fractions**

Pour multiplier des fractions, on multiplie les numérateurs entre eux et les dénominateurs entre eux :

$$\frac{4}{3} \times \frac{5}{7} = \frac{4 \times 5}{3 \times 7} = \frac{20}{21} \ ; \ 7 \times \frac{11}{5} = \frac{7}{1} \times \frac{11}{5} = \frac{77}{5}.$$

■ **Application**

La partie blanche représente les $\frac{2}{5}$ des $\frac{4}{7}$ de la tablette.

Elle correspond :

aux $\frac{2}{5} \times \frac{4}{7} = \frac{8}{35}$ de la tablette.

Facile à vérifier en comptant les carrés

Tablette de chocolat

$\frac{2}{5}$ de la partie hachurée

$\frac{4}{7}$ de la tablette

1 Pour s'échauffer

Effectuer et simplifier le résultat lorsque c'est possible.

$a = \frac{2}{3} \times \frac{4}{5}$ = ... $b = \frac{9}{8} \times \frac{16}{18}$ = ...

$c = \frac{3}{7} \times \frac{11}{2}$ = ... $d = \frac{5}{7} \times \frac{4}{9}$ = ...

$e = \frac{12}{5} \times \frac{2}{7}$ = ... $f = \frac{4}{5} \times \frac{6}{5}$ = ...

$\frac{x}{x} = 1$

2 Pour continuer à s'échauffer

$a = \frac{3}{4} \times \frac{5}{9}$ = ... $b = \frac{7}{11} \times \frac{4}{4}$ = ...

$c = \frac{5}{6} \times \frac{3}{10}$ = ... $d = \frac{9}{13} \times 2$ = ...

$e = \frac{4}{7} \times 5$ = ... $f = \frac{6}{6} \times 7$ = ...

$5 = \frac{5}{1}$

3 Pour terminer l'échauffement

$a = \frac{1}{2} \times \frac{1}{2}$ = ... $b = \frac{1}{4} \times \frac{1}{2} \times \frac{1}{3}$ = ...

• *a* est la moitié d'une moitié.
• *b* est le quart de la moitié d'un tiers.

4 Un tableau

Compléter :

×	4	$\frac{5}{4}$	$\frac{2}{3}$	$\frac{4}{7}$	$\frac{5}{6}$	$\frac{2}{5}$
7						
$\frac{3}{2}$						
$\frac{6}{7}$						

5 Des opérations croisées

Compléter :

$\frac{2}{3}$	×	$\frac{4}{9}$	=	
×		×		×
$\frac{9}{4}$	×		=	$\frac{27}{8}$
=		=		=
	×		=	

6 Multiplications à trous (1)

Compléter : a. $\frac{3}{2} \times \rule{1cm}{0.15mm} = \frac{15}{14}$ b. $\frac{3}{2} \times \rule{1cm}{0.15mm} = \frac{7}{6}$

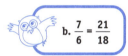
b. $\frac{7}{6} = \frac{21}{18}$

c. $\frac{5}{4} \times \rule{1cm}{0.15mm} = \frac{1}{4}$ d. $\frac{9}{7} \times \rule{1cm}{0.15mm} = 1$

7 Multiplications à trous (2)

Compléter : a. $\frac{25}{4} \times \rule{1cm}{0.15mm} = 1$ b. $\frac{25}{9} \times \rule{1cm}{0.15mm} = \frac{300}{225}$

c. $\frac{3}{7} \times \frac{\ldots}{4} = \frac{30}{14}$ d. $\frac{3}{7} \times \frac{\ldots}{4} = \frac{15}{14}$

8 Du lait au beurre

Un lait donne les $\frac{4}{25}$ de sa masse en crème, et celle-ci donne le $\frac{1}{4}$ de sa masse en beurre.

Quelle masse de beurre obtient-on avec une tonne de ce lait ?

9 Dilemme

Qu'est-ce qui dure le plus longtemps :

a. les trois quarts de deux tiers d'heure ou les deux tiers de trois quarts d'heure ?
b. le tiers d'une demi-heure ou le cinquième de trois quarts d'heure ?

Rappel :
1 h = 60 min

7 — Utiliser des nombres relatifs

Nombres et calculs

■ **Exemples de nombres relatifs**

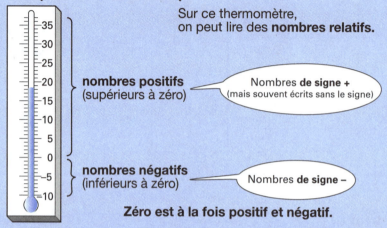

Sur ce thermomètre, on peut lire des **nombres relatifs**.

nombres positifs (supérieurs à zéro) — Nombres **de signe +** (mais souvent écrits sans le signe)

nombres négatifs (inférieurs à zéro) — Nombres **de signe –**

Zéro est à la fois positif et négatif.

■ **Exemples de nombres relatifs opposés**
Les nombres – 2 et + 2 sont opposés.
+ 4,3 et – 4,3 sont aussi des nombres opposés ; etc.
L'opposé de 0 est 0.

– 5 et + 3 sont de signes contraires mais ne sont pas opposés.

1 Le thermomètre

a. Compléter le tableau, en observant le thermomètre :

Niveau du liquide	A		F	H			R	U
Température (°C)	+ 10	+ 40	0		– 4	– 6		

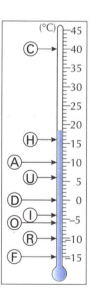

b. Donner deux températures représentées par deux nombres relatifs opposés : ....

c. Donner deux températures de signes contraires mais non opposées : ....

2 Trouver la phrase fausse

a. + 5 et + 8 sont positifs.
b. – 2 et – 9 sont négatifs.
c. 3 et – 4 sont de signes contraires.
d. 30 et – 30 sont opposés.
e. 2 et – 3 sont opposés.

La phrase fausse est : ....

3 Altitudes et profondeurs

Dans le tableau suivant placer le signe + ou le signe – devant chaque altitude (une profondeur est une altitude négative).

Mer Rouge	Mont Blanc	Mer Baltique	Pic du Vignemale	Col Bayard	Mer Adriatique	Mer Noire
......3 040 m	......4 807 m	......470 m	......3 298 m	......1 248 m	......1 260 m	......2 245 m

4 Avant ou après Jésus-Christ

Une date comme 200 avant Jésus-Christ peut se noter par le nombre négatif – 200.
Une date comme 400 après Jésus-Christ peut se noter par le nombre positif + 400.
Dans le tableau suivant placer le signe + ou le signe – devant chaque date.

Fondation légendaire de Rome par Romulus	Bataille de Marignan	Bataille d'Alésia	Les Hébreux quittent l'Égypte sous la conduite de Moïse	Fin de la Grande Guerre	Naissance de Jésus-Christ
......753	1515	52	1440	1918	0

5 Opposés

Compléter le tableau.

5			–10	52,7		–8		0	
– 5	–2	1,8			+85		+3,6		–1,1

6 Petits matins frais

a. Pendant ses 7 jours de vacances en montagne, Julien a relevé les températures à 8 h du matin.
Il a tracé le graphique ci-contre :

Compléter le tableau suivant :

Jour	1	2	3	4	5	6	7
Température							

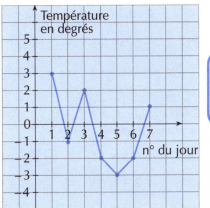

Lis les températures sur l'axe vertical.

b. En même temps que Julien, Norman a relevé, dans une autre station, les températures suivantes :

Jour	1	2	3	4	5	6	7
Température	–3	–2	2	5	0	1	–1

Représenter cette suite de températures sur le graphique ci-dessus (par une autre couleur).

8 — Nombres et calculs
Comparer des nombres relatifs

■ **Rangement des nombres entiers relatifs**

$-7 < -6 < -5 < -4 < -3 < -2 < -1 < 0 < 1 < 2 < 3 < 4 < 5 < 6 < 7$

■ **Comparaison de deux nombres…**

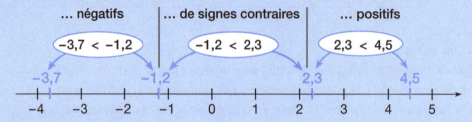

■ **Remarques**
- Tout nombre **positif** est **supérieur ou égal à 0**.
- Tout nombre **négatif** est **inférieur ou égal à 0**.
- Tout nombre **positif** est **supérieur ou égal** à tout nombre **négatif**.

1 Comparaisons (1)

Compléter avec $<$, $=$ ou $>$.

a. 6 …… 3   b. -32 …… -26 c. -7 …… -89 d. -3 …… 3,1

e. -8 …… -8 f. -12 …… 18   g. 8,2 …… $-1,2$ h. 18,7 …… $-18,7$

i. 0,6 …… -1 j. 0 …… 6,3   k. 5,4 …… $-5,4$ l. -35 …… 0,1

2 Comparaisons (2)

Compléter avec $\leq$ ou $\geq$.

a. 119 …… 47   b. 5,34 …… 3,44   c. 0 …… -5 d. $-3,51$ …… $-3,52$

e. -6 …… -6 f. -6 …… 0   g. 8 …… 0   h. $-3,46$ …… $-3,56$

i. $-2,31$ …… 2,31   j. 0 …… 0   k. -2 …… -135 l. 0,01 …… 0,1

Remarque : $a \leq a$ et $a \geq a$ aussi.

3 Bien entourées

Entourer les phrases vraies.

a. $-1,3 < -6,7$ b. $-3 \leq 24$ c. $-1995 > -8$ d. $0 < 131$

e. $0 \leq -1,8$ f. $8,5 \leq 0$ g. $-8 \leq 0$ h. $2 < -3$

i. $-1,2 \leq -1,3$ j. $0 \leq 0$ k. $0,1 > -79$ l. $-6 \leq -6$

4 Devinette

Quel est le nombre x tel que : $x \leq -7$ et $x \geq -7$? ……………………

« et » signifie « et à la fois ».

5 Trouver les erreurs

Parmi les inégalités suivantes, certaines sont fausses ; les rayer.

a. −3,21 ⩽ −3,201

b. −2,91 ⩾ −3,27

c. −8,34 ⩽ −8,43

d. −3,5 ⩽ −12

e. 8,66 ⩾ 8,56

f. −5,73 ⩽ −4,99

6 Ordre croissant

Ranger dans l'ordre croissant les nombres suivants :

12,3 ; −2,31 ; 1,23 ; −3,12 ; 3,21 ; −1,32.

....

Du plus petit au plus grand.

7 Ordre décroissant

Ranger dans l'ordre décroissant les nombres suivants :

1,001 ; −0,101 ; 10,01 ; −11 ; 0,011 ; −10,01.

....

Du plus grand au plus petit.

8 Coincés

Donner la liste des nombres entiers relatifs compris entre −3,99 et 4,99 :

....

Le mot « entier » est important.

9 Encadrements

Encadrer les nombres suivants par deux entiers relatifs consécutifs :

.... < 2,1 < .... < −5,8 < .... < −0,2 < ....

.... < 10,5 < .... < −10,5 < .... < −3,14 < ....

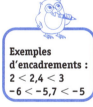

Exemples d'encadrements :
2 < 2,4 < 3
−6 < −5,7 < −5

10 Les thermomètres

L'alcool gèle à −112 °C et bout à 78 °C. Le mercure gèle à −39 °C et bout à 357 °C.

Dans quel intervalle de températures peut-on utiliser indifféremment des thermomètres à alcool ou à mercure ?

....

....

....

9 Additionner des nombres relatifs

Nombres et calculs

■ **Addition de deux nombres de même signe**

Exemples : (+ 4,5) + (+ 2,3) = + 6,8

(− 4,5) + (− 2,3) = − 6,8

On additionne 4,5 et 2,3 et on donne à la somme le signe des deux nombres

■ **Addition de deux nombres de signes contraires**

• Exemples : (+ 4,5) + (− 2,3) = + 2,2

On met + car 4,5 > 2,3

On calcule 4,5 − 2,3 = 2,2

(− 4,5) + (+ 2,3) = − 2,2

On met − car 4,5 > 2,3

• La somme de deux nombres **opposés** est égale à zéro   (+ 4) + (− 4) = 0

1 Additions de deux termes

a = (−3) + (+ 5) = ………   b = 6 + (−8) = ………   c = 0 + 5 = ………

d = 26 + (−4,5) = ………   e = −2 + (−4) = ………   f = −0,1 + (−0,3) = ………

g = 1 + (−99) = ………   h = 1,5 + (−3) = ………   i = 15 + (− 15) = ………

Habituellement on écrit 17 au lieu de (+ 17).

2 Additions en chaînes

a = −1 + (−4) + 6 = ………   b = 4 + (−5,5) + 1 = ………

c = −3 + (−2) + (−10) + 20 = ………   d = 8 + 1 + (−9) + 0 + (−4) = ………

e = 100 + (−10) + 1 + (−1000) = ………   f = − 5 + 7 + 5 + (− 7) = ………

Tu peux vérifier avec une calculatrice. Mais, sais-tu taper un nombre négatif... ?

3 La grille de nombres

Compléter la grille :

+	−4	−3,2	−7	0	2	5,6	7	4,8
−5,6								
−8								
−2,7								
−0,5								

4 Le damier

Compléter chaque case blanche en y inscrivant la somme des nombres marqués sur les 4 cases voisines en couleur.

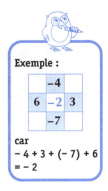

Exemple :

	-4	
6	-2	3
	-7	

car
− 4 + 3 + (− 7) + 6
= − 2

5 Chassez l'intrus

L'une de ces quatre sommes n'est pas égale aux autres ; laquelle ? ....

$a = -3 + (-8) + 3 + 5$ $b = -6 + (-1) + 4$

$c = -9 + 16 + (-10)$ $d = 10 + (-2) + (-5)$

6 Les deux égales

Parmi ces sommes, il y en a deux qui sont égales ; lesquelles ? ....

$a = 7 + (-4) + 0 + (-8)$ $b = 10 + (-3) + (-9) + 2$

$c = -3 + (-5,1) + (-0,9) + 8$ $d = 6,3 + 5,2 + (-3,5) + (-9)$

7 Avec le geste auguste du « sommeur »

$a = (-1) + 2 + (-3) + 4 + (-5) + 5 + (-4) + 3 + (-2) + 1 =$ ....

....

$b = (-10) + 9 + (-8) + 7 + (-6) + 5 + (-4) + 3 + (-2) + 1 =$ ....

....

$c = (-1) + 2 + (-3) + 4 + (-5) + 6 + (-7) + 8 =$ ....

....

21

10 Soustraire des nombres relatifs

Nombres et calculs

■ Règle de la soustraction

Pour soustraire, on ajoute l'opposé :
$x - y = x + \text{opp}(y) = x + (-y)$

Exemples :
$(+5,3) - (-3,2) = (+5,3) + (+3,2) = 8,5$
$(-1,2) - (+9,5) = (-1,2) + (-9,5) = -10,7$
$4 - 7 = 4 + (-7) = -3$

■ Calcul d'une expression

Pour calculer une expression, on peut :
• effectuer les calculs à l'intérieur des parenthèses ;
• transformer les soustractions en additions ;
• effectuer les additions.

Exemple :
$(7 - 5) + (2 - 3) - (-8 + 5 + 1)$
$= 2 + (-1) - (-2)$
$= 2 + (-1) + (+2)$
$= 3$

1 Premières soustractions

$a = 7 - 2 = \dots$ $b = 7 - (-3) = \dots$ $c = -2 - (-7) = \dots$

$d = 2 - 7 = \dots$ $e = -3 - 7 = \dots$ $f = -7 - (-2) = \dots$

$g = 1 - 2\,000 = \dots$ $h = -103 - 7 = \dots$ $i = 13 - 213 = \dots$

2 Carrés magiques

Compléter les carrés magiques suivants :

a.

−4	−5	
	−3	
		−1

b.

−2	−6	
	4	
	2	

c.

		2,4
	0,3	
−1,8	1	

La somme des nombres situés sur une ligne, ou sur une colonne ou sur une diagonale est toujours la même.
Exemple :

6	7	2	→ 15
1	5	9	→ 15
8	3	4	→ 15
15	15	15	↘ 15

3 Grillades

Compléter les grilles suivantes :

a.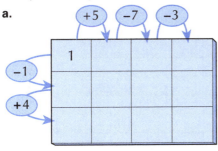

b.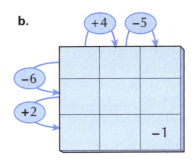

c.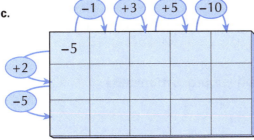

d.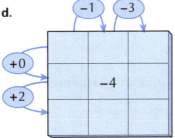

4 Additions et soustractions (1)

Calculer les expressions suivantes :

$a = -12 + (-4) - 3 =$ ....

$b = 8{,}2 - 4{,}1 + (-6{,}1) =$ ....

$c = (-22) + (-40) - (-50) =$ ....

$d = (+33) - (-44) + (-22) - (+55) =$ ....

5 Additions et soustractions (2)

$a = (7 - 4) + (3 - 8) =$ ....

$b = (-6 + 4) + (35 - 13{,}5) =$ ....

$c = (5 - 7{,}5 + 1) - (2 + 7 - 3) =$ ....

$d = (200 - 2\,000) + (2\,000 - 20\,000) =$ ....

Effectue d'abord les calculs entre parenthèses.

6 En somme, on ne peut s'y soustraire

$a = (-5 - 4) - (-3 - 2) =$ ....

$b = 9 - (11 - 4 + 5) =$ ....

$c = (-6 + 2 - 14) + (2 - 3) - (8 - 13) =$ ....

11 Connaître la proportionnalité

1 Tableau de proportionnalité et graphique

a. Compléter le tableau de proportionnalité suivant :

b. Représenter graphiquement les données du tableau.

c. Que dire des points du graphique ?

....

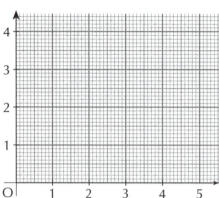

> La première ligne du tableau pourrait représenter des kilos de tomates et la seconde les prix correspondants en euros.

■ Calcul d'un quatrième nombre quand il y a proportionnalité

Nombre de pantalons	3	5
Prix (en euros)	243	x

On trouve le coefficient de proportionnalité : $\dfrac{243}{3}$

D'où $x = \dfrac{5 \times 243}{3} = 405$

Donc 5 pantalons valent 405 €.

> Ici le coefficient de proportionnalité est le prix d'un pantalon :
> $\dfrac{243}{3} = 81\ €$

2 Recherche d'un quatrième nombre (1)

Trouver le nombre manquant dans les tableaux de proportionnalité suivants :

a.
5	7
12,5	

b.
4	9
	11,7

c.
17	1
	3

> Utilise le coefficient de proportionnalité.

3 Recherche d'un quatrième nombre (2)

Même exercice avec les tableaux suivants :

a.
6	8,4
6,5	

b.
202,5	157,5
	9,8

c.
13,6	
2,4	2,1

> Pour le c. utilise le coefficient de proportionnalité.

4 Laissons passer l'orage

Nous entendîmes le tonnerre 20 secondes après avoir vu l'éclair. Quelle distance nous séparait de l'orage ?

....

> La vitesse du son est de 340 m/s.

5 Heures et minutes

Compléter le tableau de proportionnalité :

h	1	0,5		0,15		0,8		0,2	0,75
min	60		24		42		15		

Attention 0,50 h désigne une demi-heure et non pas 50 min.

6 Autour du cercle

Compléter le tableau de proportionnalité où L est le périmètre du cercle de rayon R.
(*Utiliser la calculatrice et donner des valeurs approchées avec 2 décimales.*)

R (m)	10	15	12			7
L (m)				6,28	150	

Quel est le coefficient de proportionnalité ?

7 Ça marche ?

Un menuisier fabrique des escaliers qu'il vend aux tarifs suivants :

Nombre de marches	9	12	16	18
Prix en euros	235	280	340	370

Le prix est-il proportionnel au nombre de marches ? ....

8 On nous mène en voiture

Une voiture consomme 5,8 litres de carburant aux 100 km.

a. Combien consomme-t-elle pour faire 375 km ?

....

b. Combien de km peut-elle faire avec 40 litres ?

....

On suppose que la consommation de carburant est proportionnelle à la distance parcourue.

9 De révolution

Dans le tableau suivant la lettre H désigne la hauteur des cylindres de base 7 cm² et V désigne leur volume en cm³.

H (cm)	4	2,5	6	10	8,5	
V (cm³)						91

Revois le calcul du volume d'un cylindre de révolution.

Ce tableau est un tableau de proportionnalité. Pourquoi ?

....

Le compléter.

12 Calculer et utiliser des échelles

Nombres et calculs

■ **Dessin à l'échelle (exemple)**

Un dessin (plan, carte,...) est à l'échelle $\dfrac{1}{1\,000\,000}$ si 1 cm sur le dessin correspond à 1 000 000 cm dans la réalité, soit 10 km. (Dans ce cas les dimensions sur la carte sont un million de fois plus petites que dans la réalité.)

1 Avec une échelle

Un plan est à l'échelle $\dfrac{1}{50}$.

Compléter le tableau :

Sur le plan (en cm)	15	24	
Distances réelles (en m)			5

2 Déterminer une échelle

Sur un plan, on a relevé l'indication suivante : ⊢—— 2 m ——⊣

Quelle est l'échelle de ce plan ?

....

....

....

Mesure le segment.

3 Plan d'appartement

a. Déterminer l'échelle de ce plan :

....

....

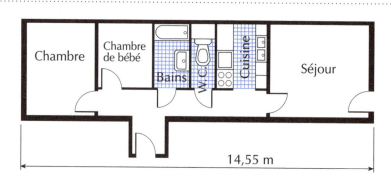

14,55 m

b. Déterminer l'aire des pièces suivantes en arrondissant à 0,1 m² près.

Pièce	Chambre	Chambre de bébé	Séjour	Cuisine
Aire en m²				

Commence par mesurer les pièces sur le plan pour calculer leurs dimensions puis leurs aires.

4 La Corse

a. Avec la carte, déterminer la distance Bastia-Bonifacio par la route en passant par Porto-Vecchio.

....

b. L'échelle de la carte est :

$$\frac{1}{4\,000} \qquad \frac{1}{1\,200\,000} \qquad \frac{1}{100\,000\,000} \qquad \frac{1}{25\,000}$$

Entourer la bonne réponse et justifier :

....
....
....
....

c. Déterminer :

• La longueur maximale de la Corse :

....

• La largeur maximale de la Corse :

....

• La distance Bastia-Bonifacio à vol d'oiseau :

....

Mesure un tronçon de route connu.

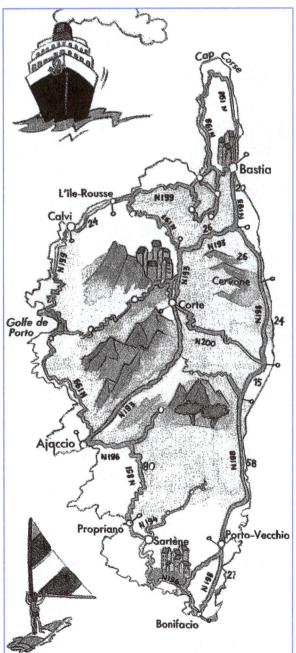

13 Nombres et calculs
Appliquer un pourcentage

■ **Appliquer un pourcentage**

Appliquer x % à un nombre n, c'est effectuer $n \times \dfrac{x}{100}$

Exemple :
15 % du nombre 400, c'est $400 \times \dfrac{15}{100} = \dfrac{400 \times 15}{100} = 60$.

Remarque : On peut aussi raisonner à l'aide d'un tableau de proportionnalité :

100	400
15	x

$\times \dfrac{15}{100}$ $x = 400 \times \dfrac{15}{100}$ d'où $x = 60$.

1 Au tableau

Compléter :

Les \ de	36	75	110	556
50 %	18			
25 %				
60 %				
200 %				

Les 50 % de 36 valent 18 car $36 \times \dfrac{50}{100} = 18$.

2 Augmentations

a. Un salaire de 2 000 € a augmenté de 2 %.

L'augmentation est de .... €.

Le nouveau salaire est de .... €.

b. Dans un collège, le nombre d'élèves a augmenté de 8 %. Il y avait 475 élèves.

L'augmentation a été de .... élèves.

Il y a maintenant .... élèves.

c. Un produit coûte 70 € hors taxes.

La T.V.A. est de 19,6 %.

Montant de la T.V.A. : .... €.

Prix toutes taxes comprises du produit : .... €.

T.V.A. = Taxe à la Valeur Ajoutée.

3 Diminutions

a. Une boutique propose 20 % de réduction. J'achète un pantalon qui valait 30 €.

Montant de la réduction : .... €.

Prix réduit du pantalon : .... €.

b. Dans une province qui comptait 1 800 000 habitants,
la population a diminué de 7 %.

Nombre d'habitants en moins : .... hab.

Nouvelle population : .... hab.

c. Pour une fois, l'oncle PIKTOUT a fait de mauvaises affaires.
Sa fortune, évaluée à 46 milliards d'écus, a diminué de 2,4 %.

Montant de ses pertes : .... écus.

Il lui reste : .... écus.

4 Une facture à compléter

Facture n° 2007	Prix H.T.	Prix T.T.C.
1 robinet Kifui	80 €	........€
1 mélangeur Kiper	140 €	........€
1 robinet thermos Kigout	210 €	........€
Main d'œuvre	........€	........€
TOTAL :	500 €	........€
dont T.V.A. (19,6 %) :		........€

H.T. = Hors Taxes.

T.T.C. = Toutes Taxes Comprises.

5 Train-train

Un train TGV est parti de Paris à 8 h 27 et il est arrivé en gare de Poitiers à 11 h 02.
Le même train, le lendemain a mis 20 % de temps en plus pour rejoindre Poitiers.
À quelle heure est-il arrivé dans cette ville s'il est parti de Paris à 8 h 27 ?

....
....
....
....

14 Nombres et calculs
Calculer un pourcentage

■ **Calculer un pourcentage**
Exemple : dans un collège, il y a 264 filles sur un total de 550 élèves.
Calculons le pourcentage de filles dans ce collège :
(On utilise un tableau de proportionnalité.)

Nombre d'élèves	550	100
Nombre de filles	264	?

$\times \dfrac{264}{550}$ $100 \times \dfrac{264}{550} = 48$

Il y a 48 % de filles dans ce collège.

1 Calculs de pourcentages

a. Les ……… % de 450, c'est 135.   **b.** Les ……… % de 35, c'est 91.

c. Les ……… % de 350, c'est 49.   **d.** Les ……… % de 30, c'est 22,2.

Utilise un tableau de proportionnalité.

2 Un peu d'aires

Un carré ABCD de 50 × 50 a été partagé en trois rectangles **R1**, **R2** et **R3**.

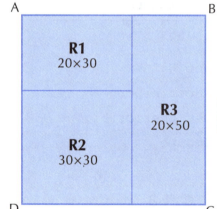

L'aire d'un carré…

a. Quel pourcentage d'aire occupe le rectangle **R1** dans le carré ABCD ?

....
....
....
....

b. Même question avec le carré **R2**.

....
....

c. Même question avec le rectangle **R3**.

....
....

d. Quel pourcentage du côté AB représente le côté du carré **R2** ?

....
....

3 « Vingt fois sur le métier remettez votre ouvrage »

L'un des trois auteurs d'un livre de mathématiques a consacré :
1 : 517 h pour l'écriture du manuscrit   2 : 204 h pour la relecture des épreuves
3 : 36 h pour la mise en page   4 : 60 h en déplacements.

a. Combien d'heures de travail a-t-il totalisées (déplacements compris) ? ....

....

b. Quels pourcentages du temps total a-t-il consacrés à chacun des quatre postes ?
(arrondir à 0,1 % près)

1 : ....

....

2 : ....

....

3 : ....

....

4 : ....

....

Vérifie en ajoutant les 4 pourcentages.

4 Budget vacances

Pour camper pendant trois semaines à la montagne, la famille Pensatout adopte le budget vacances correspondant au diagramme ci-dessous.

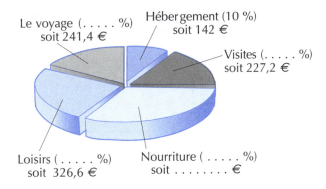

a. Calculer le budget total : ....

b. Combien coûte la nourriture ? ....

c. Compléter le diagramme après avoir calculé les pourcentages

manquants.

*a. Pars du coût de l'hébergement.
b. Procède par différence.*

15 Repérer des points

Nombres et calculs

■ **Sur une droite graduée**

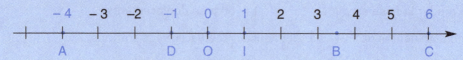

Le point I a pour abscisse 1, l'abscisse de A est – 4.

Remarque : La **distance** AB est égale à la plus grande abscisse moins la plus petite : ainsi AB = 3,5 – (– 4) = 7,5 et BC = 6 – 3,5 = 2,5.

■ **Dans le plan muni d'un repère**

On considère deux droites graduées qui se coupent en O.
Le point A a pour **abscisse** 3 et pour **ordonnée** 2.
Les **coordonnées** du point A sont (3 ; 2).

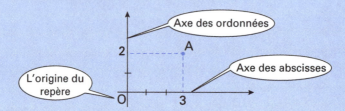

1 Sur une droite graduée

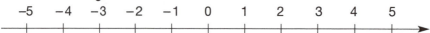

Placer le point A d'abscisse 3, le point B d'abscisse – 1,5, le point C d'abscisse – 3, le point I d'abscisse 1 et le point O d'abscisse nulle. Placer « au mieux » le point P d'abscisse π.

2 Pour savoir

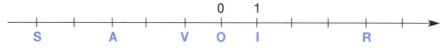

a. Quelles sont les abscisses des points S, A, V, O, I, R ?

....

b. Calculer les distances suivantes :

OR = ...   SI = ...

RA = ...   SV = ...

OA = ...   IR = ...

Corrigés

1 Nombres et calculs
Revoir les multiples et les diviseurs

Une introduction à l'arithmétique qui commence nécessairement par réviser les notions de diviseurs et de multiples, puis celle de division entière : voilà le but de cette séquence.

1 Vocabulaire

Compléter avec « diviseur » ou « multiple » :

240 est un **multiple** de 5   6 est un **diviseur** de 240

240 a pour **diviseur** 5   8 a pour **multiple** 240

- $5 \times 48 = 240$
- $6 \times 40 = 240$
- $240 = 8 \times 30$

2 Vrai ou Faux ?

Compléter par « Vrai » ou « Faux » :

- Un nombre pair est un nombre divisible par 2 : **Vrai**
- Un nombre impair est toujours divisible par 3 : **Faux**
- « 5 est un diviseur de *n* » signifie que « *n* est multiple de 5 » : **Vrai**
- Un nombre dont le chiffre des unités est 4, est toujours divisible par 4 : **Faux**

- C'est la définition d'un nombre pair.
- 5 n'est pas divisible par 3, par exemple.
- 14 n'est pas divisible par 4, par exemple.

3 Bien entouré

Entourer les nombres entiers qui sont multiples de 9 :

343   (2 007)   (135)   (3 780)

<u>1 515</u>   412   123   (111 114)

- La somme des chiffres des multiples de 9 est divisible par 9. Par exemple,
$2 + 0 + 0 + 7 = 9$
ou $3 + 7 + 8 + 0 = 18$.

4 C'est à souligner

a. Dans la liste précédente souligner les nombres entiers qui sont multiples de 5.

b. Certains nombres sont à la fois entourés et soulignés. Ils ont un diviseur commun plus grand que 9. Quel est ce diviseur ? **45**

En effet, $135 = 45 \times 3$; $3\,780 = 45 \times 84$.

- **a.** On souligne les nombres dont le chiffre des unités est 0 ou 5.

5 Basique

Effectuer, en la posant, la division euclidienne de 1 789 par 68.
Donner :
le quotient : **26** ; le reste : **21** ; le dividende : **1 789** ;
le diviseur : **68**.

Compléter :

$1\,789 = 68 \times \mathbf{26} + \mathbf{21}$ et $\mathbf{21} < 68$.

- Dans une division, le reste est toujours strictement inférieur au diviseur.

Corrigés

6 Embouteillage
Un vigneron met 4 735 bouteilles dans des cartons de 12.
Calculer le nombre de cartons pleins et donner le nombre de bouteilles restantes.

4 735 = 12 × 394 + 7 : il y a donc 394 cartons pleins et il reste 7 bouteilles.

● Naturellement on commence par poser la division.

7 De grands multiples de 3
a. Le nombre 1 234 321 n'est pas divisible par 3.
Pourquoi ? **La somme de ses chiffres, 16, n'est pas divisible par 3.**

b. Modifier le chiffre de ses unités afin qu'il soit divisible par 3.
(Donner toutes les solutions possibles.)

1 234 320 ;   1 234 323 ;   1 234 326 ;   1 234 329.

c. Parmi les solutions précédentes, quels sont :

• les nombres pairs ? **1 234 320 ;   1 234 326**

• les nombres multiples de 5 ? **1 234 320**

• les nombres divisibles par 4 ? **1 234 320**

• les nombres de la forme 9n ? **1 234 323**

● **b.** On peut vérifier que la somme des chiffres de ces nombres est divisible par 3.
Par exemple :
1 + 2 + 3 + 4 + 3 + 2 + 0 = 15
                        = 3 × 5.

---

2 Nombres et calculs
Connaître les règles de priorité

Les règles de priorité ont pour but d'alléger les écritures mathématiques en supprimant certaines parenthèses. Les mathématiciens ont décidé que la multiplication et la division seraient prioritaires par rapport à l'addition et la soustraction. D'autres choix étaient possibles mais pour nous comprendre nous devons tous appliquer les mêmes règles.

1 Priorité de × sur les +

a = 4 × 4 + 4 × 4 = **16 + 16 = 32**

b = 4 + 4 × 4 + 4 = **4 + 16 + 4 = 24**

c = 4 + 4 × 4 × 4 = **4 + 64 = 68**

d = 6 + 6 × (6 × 6 + 6) = **6 + 6 × (36 + 6) = 6 + 6 × 42 = 6 + 252 = 258**

● On applique les règles de priorité.

2 La chasse aux fausses
Parmi les égalités suivantes, certaines sont fausses ; corriger alors le second membre.

a. 3 × 9,2 + 0,2 − 1 = 26,8   **3 × 9,2 + 0,2 − 1 = 27,6 + 0,2 − 1 = 26,8 donc vrai**

b. 5 × 0,7 − 0,7   = 0   **5 × 0,7 − 0,7 = 3,5 − 0,7 = 2,8**

c. 67 + 3 × 100   = 7 000   **67 + 3 × 100 = 67 + 300 = 367**

d. 15 ÷ 3 + 2 − 2 = 1   **15 ÷ 3 + 2 − 2 = 5 + 2 − 2 = 5**

● Seul **a.** est correct. On corrige donc **b., c.** et **d.**

3 Trop, c'est trop ! (1)

Dans les expressions suivantes, rayer les parenthèses inutiles puis effectuer le calcul.

$a = ((3 \times 7) + (7 \times 8)) = 3 \times 7 + 7 \times 8 = 21 + 56 = 77$

$b = (5 + 4) + (5 \times 4) = (5 + 4) + 5 \times 4 = 9 + 20 = 29$

$c = 11 \times (8 \times 9) = 11 \times 8 \times 9 = 792$

$d = 2 + (9 - (7 + 1)) = 2 + 9 - (7 + 1) = 2 + 9 - 8 = 3$

• $(a \times b) = a \times b$
$(a + b) = a + b$

4 Trop, c'est trop ! (2)

Même exercice avec les expressions :

$a = \big(4 \times (5 \times (7 \times (8 + 10)))\big) = 4 \times 5 \times 7 \times (8 + 10) = 140 \times 18 = 2\,520$

$b = (1 + 2) + 2{,}4 \div (3 + 5) = 1 + 2 + 2{,}4 \div 8 = 3 + 0{,}3 = 3{,}3$

$c = \dfrac{4}{\left(\dfrac{25}{5}\right)} = \dfrac{4}{5} = 0{,}8$

• L'écriture $\dfrac{a}{\frac{b}{c}}$ est préférable à $\dfrac{a}{b}{c}$ afin de ne pas la confondre avec $\dfrac{\left(\frac{a}{b}\right)}{c}$.

5 Bien barrer

Barrer les expressions qui ne sont pas égales à 15.

$a = 5 + 4 + 3 \times 2 \times 1 = 9 + 6 = 15 \qquad b = 5 + 4 \times 3 + 2 \times 1 = 5 + 12 + 2 = 19$

$c = 5 + 4 \times 3 \times 2 + 1 = 5 + 24 + 1 = 30$

• Les expressions b et c ne sont pas égales à 15.

6 Suppression

Supprimer une paire de parenthèses dans les expressions suivantes pour que les égalités soient vraies :

$a = (9 + 5) \times \cancel{(}8 + 2\cancel{)} = 114 \qquad b = \cancel{(}9 + 5\cancel{)} \times (8 + 2) = 59 \qquad c = 2 + 3 \times (\cancel{(}5 + 2\cancel{)} \times 4) = 41$

• Faire plusieurs essais au brouillon pour trouver le bon résultat.

7 Traduction

Écrire sous forme de calculs « en ligne » puis effectuer :

a. Le produit de 3 par la somme de 7 et 9 : $3 \times (7 + 9) = 3 \times 16 = 48.$

b. La somme de 16 et du produit de 4 par 5 : $16 + 4 \times 5 = 16 + 20 = 36.$

c. La somme des produits de 13 par 11 et de 14 par 19 :

$13 \times 11 + 14 \times 19 = 143 + 266 = 409.$

• Pour le **b.** et le **c.** les parenthèses sont inutiles car la multiplication est prioritaire sur l'addition.

Corrigés

8 **Périmètre et aire**

a. Calculer le périmètre de cette figure :
$6 + 4{,}5 + 5 \times 1{,}5 + 3$
$= 10{,}5 + 7{,}5 + 3$
$= 10{,}5 + 10{,}5 = 21$
(en cm).

b. Calculer son aire :
On compte 7 carrés de 1,5 cm de côté.
Donc Aire $= 7 \times 1{,}5^2$
$= 7 \times 2{,}25$
$= 15{,}75$ (en cm²).

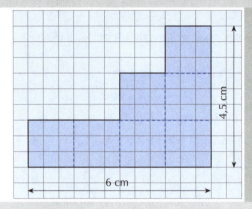

- On décompose la surface en surfaces dont les aires sont facilement calculables.
- $1{,}5^2$ signifie $1{,}5 \times 1{,}5$ et se prononce 1,5 au carré.

9 **Calcul d'un périmètre**

Calculer le périmètre de la figure ci-contre :
$(3 + 6) \times 2 - 2 \times 2$
$\qquad\qquad + 2 \times \pi \times 1$
$= 9 \times 2 - 4 + 2 \times \pi$
$= 18 - 4 + 2\pi$
$= 14 + 2\pi$
soit environ 20,3 cm.

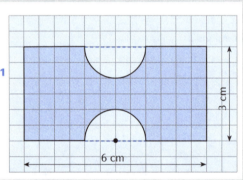

- On utilise la formule du périmètre du cercle.
- 2π signifie $2 \times \pi$.

3 Nombres et calculs
Utiliser la distributivité

Il est utile de savoir calculer une expression de façons différentes car souvent l'une des deux façons est plus facile à effectuer que l'autre. Ainsi l'utilisation de la distributivité permet de transformer une expression en une autre qui se calcule plus aisément.

1 **De la pratique...**

Effectuer de deux façons différentes :

$a = 11 \times (7 + 6) = \begin{cases} 11 \times 13 = 143 \\ 11 \times 7 + 11 \times 6 = 77 + 66 = 143 \end{cases}$

$b = 13 \times (100 - 2) = \begin{cases} 13 \times 98 = 1\,274 \\ 13 \times 100 - 13 \times 2 = 1\,300 - 26 = 1\,274 \end{cases}$

$c = 40 \times (40 + 3) = \begin{cases} 40 \times 43 = 1\,720 \\ 40 \times 40 + 40 \times 3 = 1\,600 + 120 = 1\,720 \end{cases}$

$d = (20 - 3) \times 15 = \begin{cases} 17 \times 15 = 255 \\ 20 \times 15 - 3 \times 15 = 300 - 45 = 255 \end{cases}$

- Dans un cas on effectue une seule multiplication, dans l'autre cas on effectue deux multiplications mais elles sont plus simples.

2 Encore...

Effectuer de deux façons différentes :

$a = 7 \times (13,1 + 14,3) = \begin{cases} 7 \times 27,4 = 191,8 \\ 7 \times 13,1 + 7 \times 14,3 = 91,7 + 100,1 = 191,8 \end{cases}$

$b = (5,4 + 9,8) \times 23 = \begin{cases} 15,2 \times 23 = 349,6 \\ 5,4 \times 23 + 9,8 \times 23 = 124,2 + 225,4 = 349,6 \end{cases}$

$c = 2,3 \times 5,7 + 2,3 \times 4,3 = \begin{cases} 13,11 + 9,89 = 23 \\ 2,3 \times (5,7 + 4,3) = 2,3 \times 10 = 23 \end{cases}$

$d = 9,73 \times 15,3 - 9,73 \times 14,3 = \begin{cases} 148,869 - 139,139 = 9,73 \\ 9,73 \times (15,3 - 14,3) = 9,73 \end{cases}$

● On emploie les égalités
$ka + kb = k \times (a + b)$
et $ka - kb = k(a - b)$.

3 Une multiplication

Calculer les expressions suivantes en n'effectuant dans chaque cas qu'une seule multiplication :

$a = 151 \times 47 + 151 \times 53 = \mathbf{151 \times (47 + 53) = 151 \times 100 = 15\ 100}$

$b = 13 \times 2,3 + 5,7 \times 13 = \mathbf{13 \times (2,3 + 5,7) = 13 \times 8 = 104}$

$c = 21 \times 3,4 + 21 \times 5,4 - 0,8 \times 21 = \mathbf{21 \times (3,4 + 5,4 - 0,8) = 21 \times 8 = 168}$

$d = 32 \times 23,5 - 3,5 \times 32 = \mathbf{32 \times (23,5 - 3,5) = 32 \times 20 = 640}$

● On généralise facilement :
$ka + kb - kc = k \times (a + b - c)$

4 Mentalement

Calculer mentalement les expressions suivantes :

$a = 2,5 \times 17,3 + 2,5 \times 2,7 = \mathbf{2,5 \times (17,3 + 2,7) = 2,5 \times 20 = 50}$

$b = 2,5 \times 17,3 - 2,5 \times 7,3 = \mathbf{2,5 \times (17,3 - 7,3) = 2,5 \times 10 = 25}$

$c = 22,4 \times 41 + 77,6 \times 41 = \mathbf{41 \times (22,4 + 77,6) = 41 \times 100 = 4\ 100}$

$d = 22,4 \times 41 - 41 \times 2,4 = \mathbf{41 \times (22,4 - 2,4) = 41 \times 20 = 820}$

● On n'oublie pas que :
$a \times b = b \times a$

5 Multiplications par 9 et 99

Calculer mentalement les expressions :

$a = 37 \times 9 = \mathbf{37 \times (10 - 1) = 370 - 37 = 333}$

$b = 375 \times 9 = \mathbf{375 \times (10 - 1) = 3\ 750 - 375 = 3\ 375}$

$c = 37 \times 99 = \mathbf{37 \times (100 - 1) = 3\ 700 - 37 = 3\ 663}$

$d = 375 \times 99 = \mathbf{375 \times (100 - 1) = 37\ 500 - 375 = 37\ 125}$

● Une utilisation de la distributivité utile pour le calcul mental.

6 Multiplications par 11 et 101

Calculer mentalement les expressions :

$a = 37 \times 11 = \mathbf{37 \times (10 + 1) = 370 + 37 = 407}$

$b = 375 \times 11 = \mathbf{375 \times (10 + 1) = 3\ 750 + 375 = 4\ 125}$

$c = 37 \times 101 = \mathbf{37 \times (100 + 1) = 3\ 700 + 37 = 3\ 737}$

$d = 375 \times 101 = \mathbf{375 \times (100 + 1) = 37\ 500 + 375 = 37\ 875}$

Corrigés

7 À la boulangerie

Garry demande 3 pains à 0,85 € l'un et 3 baguettes à 0,65 € l'une.
Calculer de deux façons le montant des achats de Garry.

Prix payé pour les pains : 3 × 0,85, pour les baguettes : 3 × 0,65.

Montant des achats : 3 × 0,85 + 3 × 0,65 = 2,55 + 1,95 = 4,5 (en euros)

ou bien : 3 × (0,85 + 0,65) = 3 × 1,5 = 4,5 (en euros).

• Ici la deuxième forme facilite le calcul mental.

4 Nombres et calculs
Comparer des fractions

Des fractions qui s'écrivent de façons différentes peuvent avoir la même valeur, par exemple $\frac{2}{4} = \frac{1}{2}$.
On s'entraîne ici à travailler sur des fractions de même dénominateur.
Par suite on pourra comparer des fractions ou les ranger dans un certain ordre.

1 Simplifications

Simplifier les fractions suivantes :

$a = \frac{4}{6} = \frac{2 \times 2}{2 \times 3} = \frac{2}{3}$; $b = \frac{2}{20} = \frac{2 \times 1}{2 \times 10} = \frac{1}{10}$;

$c = \frac{6}{12} = \frac{6 \times 1}{6 \times 2} = \frac{1}{2}$; $d = \frac{25}{35} = \frac{5 \times 5}{7 \times 5} = \frac{5}{7}$

• Il est bon de connaître les tables de multiplication pour simplifier aisément.

2 Fractions égales

Compléter : $a = \frac{7}{4} = \frac{7 \times 3}{4 \times 3} = \frac{21}{12}$ $b = \frac{8}{5} = \frac{8 \times 4}{5 \times 4} = \frac{32}{20}$

$c = \frac{3}{20} = \frac{3 \times 7}{20 \times 7} = \frac{21}{140}$ $d = \frac{25}{35} = \frac{5 \times 5}{7 \times 5} = \frac{5}{7} = \frac{5 \times 2}{7 \times 2} = \frac{10}{14}$

• C'est l'apprentissage de la réduction au même dénominateur.

3 Même dénominateur (1)

Écrire des fractions égales à A et à B et ayant un même dénominateur :

a. $A = \frac{17}{8} = \frac{17}{8}$ et $B = \frac{8}{4} = \frac{16}{8}$ **b.** $A = \frac{31}{100} = \frac{31}{100}$ et $B = \frac{4}{10} = \frac{40}{100}$

• Le dénominateur commun est un simple multiple du dénominateur de B.

4 Même dénominateur (2)

Même exercice :

a. $A = \frac{2}{3} = \frac{4}{6}$ et $B = \frac{3}{2} = \frac{9}{6}$ **b.** $A = \frac{7}{6} = \frac{35}{30}$ et $B = \frac{7}{10} = \frac{21}{30}$

• Le dénominateur commun est multiple de celui de A et de celui de B.

5 **Chasse aux virgules**

Écrire les quotients suivants avec des dénominateurs entiers :

$a = \dfrac{3{,}6}{7{,}49} = \dfrac{\mathbf{360}}{\mathbf{749}}$; $b = \dfrac{48}{0{,}009} = \dfrac{\mathbf{48\,000}}{\mathbf{9}}$; $c = \dfrac{3{,}14}{2{,}2} = \dfrac{\mathbf{31{,}4}}{\mathbf{22}}$.

● Il suffit de multiplier numérateur et dénominateur par 10, 100, 1 000,...

6 **Comparaisons (1)**

Compléter avec < ou > :

$\dfrac{25}{16}\mathbf{<}\dfrac{31}{16}$; $\dfrac{31}{17}\mathbf{>}\dfrac{30}{17}$; $\dfrac{25}{16}\mathbf{>}1\mathbf{>}\dfrac{17}{30}$.

● Pour comparer $\dfrac{25}{16}$ et 1 on peut écrire $1 = \dfrac{16}{16}$.

7 **Comparaisons (2)**

Compléter avec < , > ou = en ayant d'abord modifié la première fraction :

$\dfrac{13}{3} = \dfrac{\mathbf{26}}{\mathbf{6}}\mathbf{>}\dfrac{24}{6}$; $\dfrac{4}{10} = \dfrac{\mathbf{40}}{\mathbf{100}}\mathbf{>}\dfrac{31}{100}$;

$\dfrac{155}{500} = \dfrac{\mathbf{310}}{\mathbf{1\,000}}\mathbf{<}\dfrac{312}{1\,000}$; $\dfrac{11}{5} = \dfrac{\mathbf{55}}{\mathbf{25}}\mathbf{=}\dfrac{55}{25}$.

● On écrit les deux fractions avec le même dénominateur, puis on compare les numérateurs.

8 **Rangement**

a. Compléter les égalités suivantes : $\dfrac{3}{4} = \dfrac{\mathbf{9}}{\mathbf{12}}$; $\dfrac{1}{2} = \dfrac{\mathbf{6}}{\mathbf{12}}$; $\dfrac{2}{3} = \dfrac{\mathbf{8}}{\mathbf{12}}$

b. Ranger les six fractions suivantes : $\dfrac{10}{12}$; $\dfrac{7}{12}$; $\dfrac{11}{12}$; $\dfrac{3}{4}$; $\dfrac{1}{2}$; $\dfrac{2}{3}$ dans l'ordre croissant : $\dfrac{\mathbf{1}}{\mathbf{2}}\mathbf{<}\dfrac{\mathbf{7}}{\mathbf{12}}\mathbf{<}\dfrac{\mathbf{2}}{\mathbf{3}}\mathbf{<}\dfrac{\mathbf{3}}{\mathbf{4}}\mathbf{<}\dfrac{\mathbf{10}}{\mathbf{12}}\mathbf{<}\dfrac{\mathbf{11}}{\mathbf{12}}$

c. Vérifier en utilisant une valeur approchée de chaque fraction.

$\dfrac{1}{2} = 0{,}5$; $\dfrac{7}{12} \approx 0{,}58$; $\dfrac{2}{3} \approx 0{,}66$; $\dfrac{3}{4} = 0{,}75$; $\dfrac{10}{12} \approx 0{,}83$; $\dfrac{11}{12} \approx 0{,}91$

● Pour le **b.**, on utilise le résultat du **a.**

9 **Fractions d'un carré**

Chaque partie coloriée est une fraction du carré. Indiquer cette fraction au-dessus de chaque figure et ranger ces fractions dans l'ordre croissant.

$A = \dfrac{3}{8}$ $B = \dfrac{1}{2} = \dfrac{4}{8}$ $C = \dfrac{1}{4} = \dfrac{2}{8}$

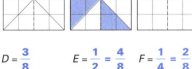

$D = \dfrac{3}{8}$ $E = \dfrac{1}{2} = \dfrac{4}{8}$ $F = \dfrac{1}{4} = \dfrac{2}{8}$

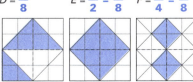

D'où $C = F < A = D < B = E$

● Suivant les cas on peut, en utilisant des symétries, regrouper ou décomposer les figures colorées.

Corrigés

5 Nombres et calculs
Additionner et soustraire des fractions

Les fractions sont des nombres ; on peut les additionner, les soustraire, les multiplier, les diviser : c'est ce que nous commençons à étudier ici.

1 Pour s'échauffer

Effectuer et simplifier le résultat lorsque c'est possible.

$a = \dfrac{1}{5} + \dfrac{2}{5} = \dfrac{3}{5}$ $b = \dfrac{3}{4} - \dfrac{1}{4} = \dfrac{2}{4} = \dfrac{1}{2}$ $c = \dfrac{11}{15} - \dfrac{6}{15} = \dfrac{5}{15} = \dfrac{1}{3}$

● On simplifie :
$b = \dfrac{2}{4} = \dfrac{2 \times 1}{2 \times 2} = \dfrac{1}{2}$
et $c = \dfrac{5}{15} = \dfrac{5 \times 1}{5 \times 3} = \dfrac{1}{3}$.

2 Pour continuer à s'échauffer

Même exercice avec :

$a = \dfrac{13}{14} + \dfrac{8}{14} = \dfrac{21}{14} = \dfrac{3}{2}$ $b = \dfrac{3}{20} + \dfrac{5}{20} + \dfrac{7}{20} = \dfrac{15}{20} = \dfrac{3}{4}$

$c = \dfrac{45}{76} - \dfrac{27}{76} + \dfrac{1}{76} = \dfrac{19}{76} = \dfrac{1}{4}$

● On simplifie :
$a = \dfrac{21}{14} = \dfrac{7 \times 3}{7 \times 2} = \dfrac{3}{2}$
$b = \dfrac{15}{20} = \dfrac{5 \times 3}{5 \times 4} = \dfrac{3}{4}$
$c = \dfrac{19}{76} = \dfrac{19 \times 1}{19 \times 4} = \dfrac{1}{4}$.

3 En somme c'est facile (1)

Changer l'ordre des termes pour calculer facilement.

$a = \dfrac{4}{7} + \dfrac{3}{4} + \dfrac{2}{7} + \dfrac{5}{4} + \dfrac{1}{7}$

$= \left(\dfrac{4}{7} + \dfrac{2}{7} + \dfrac{1}{7}\right) + \left(\dfrac{3}{4} + \dfrac{5}{4}\right)$

$= \dfrac{7}{7} + \dfrac{8}{4} = 1 + 2 = 3$

$b = \dfrac{4}{3} + \dfrac{3}{5} + \dfrac{7}{3} + \dfrac{2}{5} + \dfrac{1}{3}$

$= \left(\dfrac{4}{3} + \dfrac{7}{3} + \dfrac{1}{3}\right) + \left(\dfrac{3}{5} + \dfrac{2}{5}\right)$

$= \dfrac{12}{3} + \dfrac{5}{5} = 4 + 1 = 5$

● On regroupe les fractions de même dénominateur.

4 En somme c'est facile (2)

$a = \dfrac{5}{12} + \dfrac{5}{3} + \dfrac{2}{12} + \dfrac{2}{3} + \dfrac{1}{12}$

$= \left(\dfrac{5}{12} + \dfrac{2}{12} + \dfrac{1}{12}\right) + \left(\dfrac{5}{3} + \dfrac{2}{3}\right)$

$= \dfrac{8}{12} + \dfrac{7}{3} = \dfrac{2}{3} + \dfrac{7}{3} = 3$

$b = \dfrac{5}{2} + \dfrac{3}{8} + \dfrac{7}{2} + \dfrac{6}{8} - 6$

$= \left(\dfrac{5}{2} + \dfrac{7}{2}\right) + \left(\dfrac{3}{8} + \dfrac{6}{8}\right) - 6$

$= \dfrac{12}{2} + \dfrac{9}{8} - 6 = \dfrac{9}{8}$

● Pour le **a.** simplifier $\dfrac{8}{12}$ par 4.

5 Opérations croisées (1)

Compléter les cases vides pour que les égalités soient justes (en ligne et en colonne). Penser à simplifier les résultats quand c'est possible.

● Les fractions ont été simplifiées.

a.

$\dfrac{1}{3}$	+	$\dfrac{2}{9}$	=	$\dfrac{5}{9}$
+		+		+
$\dfrac{5}{9}$	+	$\dfrac{7}{9}$	=	$\dfrac{4}{3}$
=		=		=
$\dfrac{8}{9}$	+	1	=	$\dfrac{17}{9}$

b.

$\dfrac{5}{4}$	+	$\dfrac{1}{2}$	=	$\dfrac{7}{4}$
−		+		−
$\dfrac{3}{4}$	−	$\dfrac{1}{4}$	=	$\dfrac{1}{2}$
=		=		=
$\dfrac{1}{2}$	+	$\dfrac{3}{4}$	=	$\dfrac{5}{4}$

6 Opérations croisées (2)

Même exercice avec :

a.
$\frac{1}{2}$	+	$\frac{7}{16}$	=	$\frac{15}{16}$
−		−		−
$\frac{5}{16}$	+	$\frac{3}{16}$	=	$\frac{1}{2}$
=		=		=
$\frac{3}{16}$	+	$\frac{1}{4}$	=	$\frac{7}{16}$

b.
1	+	$\frac{9}{8}$	=	$\frac{17}{8}$
+		−		+
$\frac{3}{8}$	−	$\frac{1}{4}$	=	$\frac{1}{8}$
=		=		=
$\frac{11}{8}$	+	$\frac{7}{8}$	=	$\frac{9}{4}$

● On peut dans un premier temps écrire les résultats non simplifiés au crayon, puis finaliser en simplifiant.

7 Opérations croisées (3)

Même exercice avec :

a.
$\frac{6}{5}$	−	$\frac{3}{5}$	=	$\frac{3}{5}$
−		+		−
$\frac{3}{10}$	+	$\frac{2}{10}$	=	$\frac{1}{2}$
=		=		=
$\frac{9}{10}$	−	$\frac{4}{5}$	=	$\frac{1}{10}$

b.
$\frac{5}{3}$	−	$\frac{10}{9}$	=	$\frac{5}{9}$
−		−		−
$\frac{1}{3}$	−	$\frac{2}{9}$	=	$\frac{1}{9}$
=		=		=
$\frac{4}{3}$	−	$\frac{8}{9}$	=	$\frac{4}{9}$

● Commencer par les opérations les plus simples, puis compléter au fur et à mesure.

8 Tableaux

a. Compléter d'abord : $\frac{1}{3} = \frac{2}{6}$, $\frac{2}{3} = \frac{4}{6}$ et $\frac{1}{2} = \frac{3}{6}$

b. Compléter les tableaux suivants et simplifier les résultats quand c'est possible

+ ↴	$\frac{1}{6}$	$\frac{1}{3}$	$\frac{1}{2}$	$\frac{2}{3}$
$\frac{1}{6}$	$\frac{1}{3}$	$\frac{1}{2}$	$\frac{2}{3}$	$\frac{5}{6}$
$\frac{1}{3}$	$\frac{1}{2}$	$\frac{2}{3}$	$\frac{5}{6}$	1
$\frac{1}{2}$	$\frac{2}{3}$	$\frac{5}{6}$	1	$\frac{7}{6}$
$\frac{2}{3}$	$\frac{5}{6}$	1	$\frac{7}{6}$	$\frac{4}{3}$

− ↴	$\frac{1}{6}$	$\frac{1}{3}$	$\frac{1}{2}$	$\frac{2}{3}$
$\frac{2}{3}$	$\frac{1}{2}$	$\frac{1}{3}$	$\frac{1}{6}$	0
$\frac{1}{2}$	$\frac{1}{3}$	$\frac{1}{6}$	0	
$\frac{1}{3}$	$\frac{1}{6}$	0		
$\frac{1}{6}$	0			

● Écrire les résultats au crayon dans un premier temps, ensuite simplifier.

9 Gourmandise

Toto mange un quart d'une tablette de chocolat, puis un huitième, puis deux seizièmes. Reste-t-il la moitié de la tablette pour son petit frère ?

Toto a mangé : $\frac{1}{4} + \frac{1}{8} + \frac{2}{16} = \frac{1}{4} + \frac{1}{8} + \frac{1}{8} = \frac{1}{4} + \frac{2}{8} = \frac{1}{4} + \frac{1}{4} = \frac{2}{4} = \frac{1}{2}$

Il reste juste la moitié de la tablette.

● Réduire au même dénominateur les fractions à ajouter.

Corrigés

6 — Nombres et calculs
Multiplier des fractions

Nous poursuivons ici l'étude des opérations sur les fractions : en particulier la multiplication. La division sera vue en Quatrième.

1 Pour s'échauffer

Effectuer et simplifier le résultat lorsque c'est possible.

$a = \dfrac{2}{3} \times \dfrac{4}{5} = \dfrac{2 \times 4}{3 \times 5} = \dfrac{8}{15}$

$b = \dfrac{9}{8} \times \dfrac{16}{18} = \dfrac{9 \times 16}{8 \times 18} = \dfrac{144}{144} = 1$

$c = \dfrac{3}{7} \times \dfrac{11}{2} = \dfrac{3 \times 11}{7 \times 2} = \dfrac{33}{14}$

$d = \dfrac{5}{7} \times \dfrac{4}{9} = \dfrac{5 \times 4}{7 \times 9} = \dfrac{20}{63}$

$e = \dfrac{12}{5} \times \dfrac{2}{7} = \dfrac{12 \times 2}{5 \times 7} = \dfrac{24}{35}$

$f = \dfrac{4}{5} \times \dfrac{6}{5} = \dfrac{4 \times 6}{5 \times 5} = \dfrac{24}{25}$

● Parfois on peut simplifier comme dans l'exemple b.

2 Pour continuer à s'échauffer

$a = \dfrac{3}{4} \times \dfrac{5}{9} = \dfrac{3 \times 5}{4 \times 9} = \dfrac{5}{4 \times 3} = \dfrac{5}{12}$

$b = \dfrac{7}{11} \times \dfrac{4}{4} = \dfrac{7}{11} \times 1 = \dfrac{7}{11}$

$c = \dfrac{5}{6} \times \dfrac{3}{10} = \dfrac{5 \times 3}{6 \times 10} = \dfrac{15}{60} = \dfrac{1}{4}$

$d = \dfrac{9}{13} \times 2 = \dfrac{9}{13} \times \dfrac{2}{1} = \dfrac{2 \times 9}{13 \times 1} = \dfrac{18}{13}$

$e = \dfrac{4}{7} \times 5 = \dfrac{4}{7} \times \dfrac{5}{1} = \dfrac{4 \times 5}{7 \times 1} = \dfrac{20}{7}$

$f = \dfrac{6}{6} \times 7 = 1 \times 7 = 7$

● Pour le calcul de b on peut soit utiliser tout de suite l'égalité $\dfrac{a}{a} = 1$ ou bien effectuer les produits puis simplifier.
Même remarque pour le calcul de f.

3 Pour terminer l'échauffement

$a = \dfrac{1}{2} \times \dfrac{1}{2} = \dfrac{1 \times 1}{2 \times 2} = \dfrac{1}{4}$

$b = \dfrac{1}{4} \times \dfrac{1}{2} \times \dfrac{1}{3} = \dfrac{1 \times 1 \times 1}{4 \times 2 \times 3} = \dfrac{1}{24}$

● Inutile de prendre la calculatrice !

4 Un tableau

Compléter :

×	4	$\dfrac{5}{4}$	$\dfrac{2}{3}$	$\dfrac{4}{7}$	$\dfrac{5}{6}$	$\dfrac{2}{5}$
7	28	$\dfrac{35}{4}$	$\dfrac{14}{3}$	4	$\dfrac{35}{6}$	$\dfrac{14}{5}$
$\dfrac{3}{2}$	6	$\dfrac{15}{8}$	1	$\dfrac{6}{7}$	$\dfrac{5}{4}$	$\dfrac{3}{5}$
$\dfrac{6}{7}$	$\dfrac{24}{7}$	$\dfrac{15}{14}$	$\dfrac{4}{7}$	$\dfrac{24}{49}$	$\dfrac{5}{7}$	$\dfrac{12}{35}$

● On simplifie les résultats, par exemple :
$\dfrac{3}{2} \times \dfrac{4}{7} = \dfrac{3 \times 4}{2 \times 7} = \dfrac{3 \times 2}{7} = \dfrac{6}{7}$.

5 Des opérations croisées

Compléter :

$\frac{2}{3}$	×	$\frac{4}{9}$	=	$\frac{8}{27}$
×		×		×
$\frac{9}{4}$	×	$\frac{3}{2}$	=	$\frac{27}{8}$
=		=		=
$\frac{3}{2}$	×	$\frac{2}{3}$	=	1

• Pour trouver la fraction de la case centrale on peut écrire
$$\frac{9}{4} \times \frac{\square}{\square} = \frac{27}{8} \text{ soit } \frac{9 \times \square}{4 \times \square} = \frac{27}{8}$$
d'où $\frac{9 \times 3}{4 \times 2} = \frac{27}{8}$.

6 Multiplications à trous (1)

Compléter : **a.** $\frac{3}{2} \times \frac{\mathbf{5}}{\mathbf{7}} = \frac{15}{14}$ **b.** $\frac{3}{2} \times \frac{\mathbf{7}}{\mathbf{9}} = \frac{7}{6}$

c. $\frac{5}{4} \times \frac{\mathbf{1}}{\mathbf{5}} = \frac{1}{4}$ **d.** $\frac{9}{7} \times \frac{\mathbf{7}}{\mathbf{9}} = 1$

• Pour bien comprendre le procédé de la multiplication, on s'initie, sans le dire, à la division.

7 Multiplications à trous (2)

Compléter : **a.** $\frac{25}{4} \times \frac{\mathbf{4}}{\mathbf{25}} = 1$ **b.** $\frac{25}{9} \times \frac{\mathbf{12}}{\mathbf{25}} = \frac{300}{225}$

c. $\frac{3}{7} \times \frac{\mathbf{20}}{\mathbf{4}} = \frac{30}{14}$ **d.** $\frac{3}{7} \times \frac{\mathbf{10}}{\mathbf{4}} = \frac{15}{14}$

• Pour le c. $\frac{30}{14} = \frac{60}{28}$.

• Pour le d. $\frac{15}{14} = \frac{30}{28}$.

8 Du lait au beurre

Un lait donne les $\frac{4}{25}$ de sa masse en crème, et celle-ci donne le $\frac{1}{4}$ de sa masse en beurre.

Quelle masse de beurre obtient-on avec une tonne de ce lait ?

Masse de beurre avec 1 tonne de lait : $\frac{1}{4} \times \frac{4}{25} = \frac{4}{100} = 0{,}04$ **(en tonne), soit 40 kg.**

• La masse de crème vaut :
$\frac{4}{25} \times 1$ en tonne ;
la masse de beurre vaut :
$\frac{1}{4} \times \left(\frac{4}{25} \times 1 \right)$ en tonne.

9 Dilemme

Qu'est-ce qui dure le plus longtemps :

a. les trois quarts de deux tiers d'heure ou les deux tiers de trois quarts d'heure ?
b. le tiers d'une demi-heure ou le cinquième de trois quarts d'heure ?

a. Les $\frac{3}{4}$ de $\frac{2}{3}$ d'heure valent $\frac{3}{4} \times \frac{2}{3}$ soit $\frac{1}{2}$ heure. Il en est de même des $\frac{2}{3}$ de $\frac{3}{4}$ d'heure.

b. $\frac{1}{3} \times \frac{1}{2}$ d'heure = $\frac{1}{6}$ d'heure soit 10 min. $\frac{1}{5} \times \frac{3}{4}$ d'heure = $\frac{3}{20}$ d'heure soit 9 min.

• Les durées et les fractions font toujours bon ménage.

Corrigés

7 Nombres et calculs
Utiliser des nombres relatifs

On connaît déjà les nombres positifs, mais des situations de la vie courante nécessitent des nombres négatifs (températures hivernales, dettes ou débits, dates d'événements majeurs de l'Antiquité...). On apprend ici à utiliser ces nouveaux nombres.

1 Le thermomètre

a. Compléter le tableau, en observant le thermomètre :

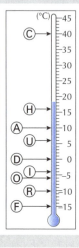

Niveau du liquide	A	C	D	F	H	I	O	R	U
Température (°C)	+ 10	+ 40	0	– 14	+ 16	– 4	– 6	– 10	+ 6

b. Donner deux températures représentées par deux nombres relatifs opposés : **par exemple : + 10 et – 10.**

c. Donner deux températures de signes contraires mais non opposées : **+ 40 et – 6.**

● Pour le **c.** on pouvait aussi donner + 10 et – 14 ou bien + 6 et – 4.

2 Trouver la phrase fausse

a. + 5 et + 8 sont positifs.
b. – 2 et – 9 sont négatifs.
c. 3 et – 4 sont de signes contraires.
d. 30 et – 30 sont opposés.
e. 2 et – 3 sont opposés.

La phrase fausse est : e

● 2 et – 3 sont de signes contraires mais ils ne sont pas opposés.

3 Altitudes et profondeurs

Dans le tableau suivant placer le signe + ou le signe – devant chaque altitude (une profondeur est une altitude négative).

Mer Rouge	Mont Blanc	Mer Baltique	Pic du Vignemale	Col Bayard	Mer Adriatique	Mer Noire
– 3 040 m	+ 4 807 m	– 470 m	+ 3 298 m	+ 1 248 m	– 1 260 m	– 2 245 m

● Belle occasion pour réviser la géographie !

4 Avant ou après Jésus-Christ

Une date comme 200 avant Jésus-Christ peut se noter par le nombre négatif – 200.

Une date comme 400 après Jésus-Christ peut se noter par le nombre positif + 400.

Dans le tableau suivant placer le signe + ou le signe – devant chaque date.

Fondation légendaire de Rome par Romulus	Bataille de Marignan	Bataille d'Alésia	Les Hébreux quittent l'Égypte sous la conduite de Moïse	Fin de la Grande Guerre	Naissance de Jésus-Christ
– 753	+ 1515	– 52	– 1440	+ 1918	± 0

● Les deux réponses sont possibles pour la dernière date.

5 Opposés

Compléter le tableau.

5	+2	−1,8	−10	52,7	−85	−8	−3,6	0	+1,1
−5	−2	1,8	+10	−52,7	+85	+8	+3,6	0	−1,1

Opposé

● 0 est le seul nombre égal à son opposé.

6 Petits matins frais

a. Pendant ses 7 jours de vacances en montagne, Julien a relevé les températures à 8 h du matin.
Il a tracé le graphique ci-contre :

Compléter le tableau suivant :

Jour	1	2	3	4	5	6	7
Température	+3	−1	+2	−2	−3	−2	+1

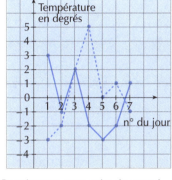

b. En même temps que Julien, Norman a relevé, dans une autre station, les températures suivantes :

Jour	1	2	3	4	5	6	7
Température	−3	−2	2	5	0	1	−1

Représenter cette suite de températures sur le graphique ci-dessus (par une autre couleur).

● Les températures négatives sont représentées par des points situés en dessous de l'axe des abscisses.

Nombres et calculs

8 Comparer des nombres relatifs

 On sait comparer deux décimaux positifs (ceci est vu en Sixième). Maintenant on apprend à comparer deux nombres décimaux de signes quelconques.

1 Comparaisons (1)

Compléter avec $<$, $=$ ou $>$.

a. 6 $>$ 3 **b.** −32 $<$ −26 **c.** −7 $>$ −89 **d.** −3 $<$ 3,1
e. −8 $=$ −8 **f.** −12 $<$ 18 **g.** 8,2 $>$ −1,2 **h.** 18,7 $>$ −18,7
i. 0,6 $>$ −1 **j.** 0 $<$ 6,3 **k.** 5,4 $>$ −5,4 **l.** −35 $<$ 0,1

● Remarquons que $a < b$ se lit
a est strictement inférieur à b.
● $a \leq b$ se lit
a est inférieur ou égal à b.

2 Comparaisons (2)

Compléter avec $\leq$ ou $\geq$.

a. 119 $\geq$ 47 **b.** 5,34 $\geq$ 3,44 **c.** 0 $\geq$ −5 **d.** −3,51 $\geq$ −3,52
e. −6 $\leq$ −6 **f.** −6 $\leq$ 0 **g.** 8 $\geq$ 0 **h.** −3,46 $\geq$ −3,56
i. −2,31 $\leq$ 2,31 **j.** 0 $\leq$ 0 **k.** −2 $\geq$ −135 **l.** 0,01 $\leq$ 0,1

● Pour le **e.** et le **j.** on aurait pu mettre −6 $\geq$ −6
et 0 $\geq$ 0.

Corrigés

3 Bien entourées
Entourer les phrases vraies.

a. −1,3 < −6,7   **b. −3 ⩽ 24**   c. −1995 > −8   **d. 0 < 131**
e. 0 ⩽ −1,8   f. 8,5 ⩽ 0   **g. −8 ⩽ 0**   h. 2 < −3
i. −1,2 ⩽ −1,3   **j. 0 ⩽ 0**   **k. 0,1 > −79**   **l. −6 ⩽ −6**

4 Devinette
Quel est le nombre x tel que : $x \leqslant -7$ et $x \geqslant -7$? **C'est −7 !**

5 Trouver les erreurs
Parmi les inégalités suivantes, certaines sont fausses ; les rayer.

a. −3,21 ⩽ −3,201   b. −2,91 ⩾ −3,27
~~c. −8,34 ⩽ −8,43~~   ~~d. −3,5 ⩽ −12~~
e. 8,66 ⩾ 8,56   f. −5,73 ⩽ −4,99

6 Ordre croissant
Ranger dans l'ordre croissant les nombres suivants :
12,3 ; −2,31 ; 1,23 ; −3,12 ; 3,21 ; −1,32.

−3,12 < −2,31 < −1,32 < 1,23 < 3,21 < 12,3

● On peut commencer à classer les nombres positifs puis les nombres négatifs, avant de conclure.

7 Ordre décroissant
Ranger dans l'ordre décroissant les nombres suivants :
1,001 ; −0,101 ; 10,01 ; −11 ; 0,011 ; −10,01.

10,01 > 1,001 > 0,011 > −0,101 > −10,01 > −11

● Même remarque.

8 Coincés
Donner la liste des nombres entiers relatifs compris entre −3,99 et 4,99 :

Ce sont : −3 ; −2 ; −1 ; 0 ; 1 ; 2 ; 3 ; 4.

● Les entiers d'un intervalle borné sont en nombre fini.

9 Encadrements
Encadrer les nombres suivants par deux entiers relatifs consécutifs :

2 < 2,1 < **3**   **−6** < −5,8 < **−5**   **−1** < −0,2 < **0**
10 < 10,5 < **11**   **−11** < −10,5 < **−10**   **−4** < −3,14 < **−3**

● Attention quand le nombre à encadrer est négatif !

10 Les thermomètres
L'alcool gèle à −112 °C et bout à 78 °C. Le mercure gèle à −39 °C et bout à 357 °C.
Dans quel intervalle de températures peut-on utiliser indifféremment des thermomètres à alcool ou à mercure ?
**Rangeons les températures en ordre croissant :
−112 < −39 < 78 < 357.
Entre −39 °C et 78 °C on peut utiliser les deux thermomètres car l'alcool et le mercure sont tous les deux liquides entre ces deux températures.**

● On peut s'aider d'un schéma :

9 Nombres et calculs
Additionner des nombres relatifs

L'étude des opérations sur les nombres relatifs débute ici avec l'addition.

1) Additions de deux termes

$a = (-3) + (+5) =$ **+ 2** $b = 6 + (-8) =$ **– 2** $c = 0 + 5 =$ **5**

$d = 26 + (-4,5) =$ **21,5** $e = -2 + (-4) =$ **– 6** $f = -0,1 + (-0,3) =$ **– 0,4**

$g = 1 + (-99) =$ **– 98** $h = 1,5 + (-3) =$ **– 1,5** $i = 15 + (-15) =$ **0**

• Dans (+ 5) on supprime les parenthèses et le signe +, alors que dans 6 + (– 8) les parenthèses sont indispensables pour éviter l'écriture : + –.

2) Additions en chaînes

$a = -1 + (-4) + 6 =$ **1** $b = 4 + (-5,5) + 1 =$ **– 0,5**

$c = -3 + (-2) + (-10) + 20 =$ **5** $d = 8 + 1 + (-9) + 0 + (-4) =$ **– 4**

$e = 100 + (-10) + 1 + (-1000) =$ **– 909** $f = -5 + 7 + 5 + (-7) =$ **0**

• Pour f on peut changer l'ordre des termes et écrire $f = -5 + 5 + 7 + (-7)$.

3) La grille de nombres

Compléter la grille :

+	– 4	– 3,2	– 7	0	2	5,6	7	4,8
–5,6	– 9,6	– 8,8	– 12,6	– 5,6	– 3,6	0	1,4	– 0,8
–8	– 12	– 11,2	– 15	– 8	– 6	– 2,4	– 1	– 3,2
–2,7	– 6,7	– 5,9	– 9,7	– 2,7	– 0,7	2,9	4,3	2,1
–0,5	– 4,5	– 3,7	– 7,5	– 0,5	1,5	5,1	6,5	4,3

• Sur la calculatrice on utilise la touche ⌧ ou ⊖ pour taper un nombre relatif.

4) Le damier

Compléter chaque case blanche en y inscrivant la somme des nombres marqués sur les 4 cases voisines en couleur.

		0		0		0		
	7	–3	–2	–1	1	8	4	
0	5	–8	–10	0	7	3	13	0
	6	1	0	7	3	6	6	
0	13	3	8	4	–3	–6	–1	0
	4	2	1	7	–4	–3	–1	
0	–1	–6	–1	6	1	8	2	0
	1	–7	–2	–5	–9	–6	–5	
		0		0		0		

• Une erreur sur une case n'entraîne pas nécessairement un résultat faux dans les autres cases.
En fait les calculs sont indépendants les uns des autres.

5) Chassez l'intrus

L'une de ces quatre sommes n'est pas égale aux autres ; laquelle ? **d = 3**

$a = -3 + (-8) + 3 + 5 =$ **– 3** $b = -6 + (-1) + 4 =$ **– 3**

$c = -9 + 16 + (-10) =$ **– 3** $d = 10 + (-2) + (-5) =$ **3**

• Vérifier éventuellement les résultats à la calculatrice.

Corrigés

6 Les deux égales
Parmi ces sommes, il y en a deux qui sont égales ; lesquelles ? **c = d = − 1**
$a = 7 + (-4) + 0 + (-8)$ **= − 5** $b = 10 + (-3) + (-9) + 2$ **= 0**
$c = -3 + (-5,1) + (-0,9) + 8$ **= − 1** $d = 6,3 + 5,2 + (-3,5) + (-9)$ **= − 1**

7 Avec le geste auguste du « sommeur »
$a = (-1) + 2 + (-3) + 4 + (-5) + 5 + (-4) + 3 + (-2) + 1 =$
(− 1) + 1 + 2 + (− 2) + (− 3) + 3 + 4 + (− 4) + (− 5) + 5 = 0
$b = (-10) + 9 + (-8) + 7 + (-6) + 5 + (-4) + 3 + (-2) + 1 =$
− 1 + (− 1) + (− 1) + (− 1) + (− 1) = − 5
$c = (-1) + 2 + (-3) + 4 + (-5) + 6 + (-7) + 8 =$ **1 + 1 + 1 + 1 = 4**

• Il est utile de réfléchir avant de commencer le calcul en observant par exemple que dans le *a* certains nombres sont opposés.
• Pour le *b* et le *c*, on peut regrouper un nombre positif et un nombre négatif qui se suivent.

10 Nombres et calculs
Soustraire des nombres relatifs

La soustraction se ramène à une addition en appliquant la règle : soustraire un nombre relatif c'est ajouter son opposé.

1 Premières soustractions
$a = 7 - 2 =$ **5** $b = 7 - (-3) =$ **7 + 3 = 10**
$c = -2 - (-7) =$ **− 2 + 7 = 5** $d = 2 - 7 =$ **2 + (− 7) = − 5**
$e = -3 - 7 =$ **− 10** $f = -7 - (-2) =$ **− 7 + 2 = − 5**
$g = 1 - 2000 =$ **− 1 999** $h = -103 - 7 =$ **− 110** $i = 13 - 213 =$ **− 200**

• Pour le calcul de *a* on retrouve une opération que l'on connaissait déjà.

2 Carrés magiques
Compléter les carrés magiques suivants :

a.

−4	−5	0
1	−3	−7
−6	−1	−2

b.

−2	8	−6
−4	0	4
6	−8	2

c.

−0,4	−1,1	2,4
3,1	0,3	−2,5
−1,8	1,7	1

• On calcule d'abord la somme commune aux lignes, aux colonnes et aux diagonales.
Pour le **a.** : − 9 (2ᵉ colonne) ;
le **b.** : 0 (3ᵉ colonne) ; le **c.** : 0,9 (diagonale).

16

3. Grillades

Compléter les grilles suivantes :

a.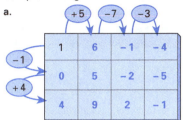

b.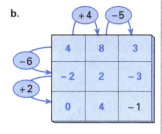

• Pour le **b.** on peut faire plusieurs tentatives ou bien observer que si on passe de 4 à − 1 en soustrayant 5, alors on passe de − 1 à 4 en ajoutant 5.

c.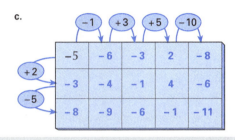

d.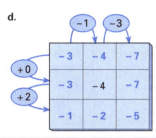

4. Additions et soustractions (1)

Calculer les expressions suivantes :

$a = -12 + (-4) - 3 =$ **− 16 − 3 = − 16 + (− 3) = − 19**

$b = 8{,}2 - 4{,}1 + (-6{,}1) =$ **4,1 + (− 6,1) = − 2**

$c = (-22) + (-40) - (-50) =$ **− 62 − (− 50) = − 62 + (+ 50) = − 12**

$d = (+33) - (-44) + (-22) - (+55) =$ **33 + 44 + (− 22) + (− 55)**
　　　　　　　　　　　　　　　　　　　= 77 + (− 77) = 0

• Comme toujours, avant de calculer, on observe :
pour le **d.** l'expression se réduit à la somme de deux opposés.

5. Additions et soustractions (2)

$a = (7 - 4) + (3 - 8) =$ **3 + (− 5) = − 2**

$b = (-6 + 4) + (35 - 13{,}5) =$ **(− 2) + (21,5) = 19,5**

$c = (5 - 7{,}5 + 1) - (2 + 7 - 3) =$ **(− 1,5) − 6 = − 1,5 + (− 6) = − 7,5**

$d = (200 - 2\,000) + (2\,000 - 20\,000) =$ **(− 1 800) + (− 18 000) = − 19 800**

• La règle de suppression des parenthèses sera vue en Quatrième.

6. En somme, on ne peut s'y soustraire

$a = (-5 - 4) - (-3 - 2) =$ **− 9 − (− 5) = − 9 + 5 = − 4**

$b = 9 - (11 - 4 + 5) =$ **9 − 12 = 9 + (− 12) = − 3**

$c = (-6 + 2 - 14) + (2 - 3) - (8 - 13) =$ **(− 18) + (− 1) − (− 5)**
　　　　　　　　　　　　　　　　　　　= − 18 + (− 1) + 5 = − 14

• Calculer d'abord à l'intérieur des parenthèses.

Corrigés

11 Nombres et calculs
Connaître la proportionnalité

Dans la vie courante on rencontre souvent des situations de proportionnalité. On apprend ici à les reconnaître mais aussi à déjouer les pièges.

1 Tableau de proportionnalité et graphique

a. Compléter le tableau de proportionnalité suivant :

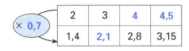

b. Représenter graphiquement les données du tableau.

c. Que dire des points du graphique ?
Les points du graphique sont alignés sur une droite passant par l'origine O.

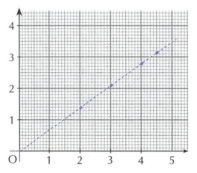

● **b.** Les nombres de la première ligne sont placés sur l'axe horizontal (axe des abscisses) et ceux de la seconde ligne sur l'axe vertical (axe des ordonnées).

2 Recherche d'un quatrième nombre (1)

Trouver le nombre manquant dans les tableaux de proportionnalité suivants :

a.
5	7
12,5	**17,5**

$7 \times \dfrac{12,5}{5} = 17,5$

b.
4	9
5,2	11,7

$4 \times \dfrac{11,7}{9} = 5,2$

c.
17	1
51	3

$17 \times \dfrac{3}{1} = 51$

● La méthode du « produit en croix » sera vue en Quatrième.

3 Recherche d'un quatrième nombre (2)

Même exercice avec les tableaux suivants :

a.
6	8,4
6,5	**9,1**

$8,4 \times \dfrac{6,5}{6} = 9,1$

b.
202,5	157,5
12,6	9,8

$202,5 \times \dfrac{9,8}{157,5} = 12,6$

c.
13,6	**11,9**
2,4	2,1

$2,1 \times \dfrac{13,6}{2,4} = 11,9$

● Les coefficients de proportionnalité sont des fractions que l'on multiplie par un nombre décimal pour obtenir le 4ᵉ nombre du tableau.

4 Laissons passer l'orage

Nous entendîmes le tonnerre 20 secondes après avoir vu l'éclair. Quelle distance nous séparait de l'orage ?

La distance est proportionnelle au temps : 340 × 20 = 6 800 m.

● On retient la formule $d = v \times t$ où d est la distance, v la vitesse et t le temps.

5 Heures et minutes (1)

Compléter le tableau de proportionnalité :

h	1	0,5	**0,4**	0,15	**0,7**	0,8	**0,25**	0,2	0,75
min	60	**30**	24	**9**	42	**48**	15	**12**	**45**

● On peut aussi à cette occasion observer que :

$0,5\ h = \dfrac{1}{2}\ h\ ;\ 0,25\ h = \dfrac{1}{4}\ h\ ;$

$0,75\ h = \dfrac{3}{4}\ h.$

6 Autour du cercle

Compléter le tableau de proportionnalité où L est le périmètre du cercle de rayon R. (*Utiliser la calculatrice et donner des valeurs approchées avec 2 décimales.*)

R (m)	10	15	12	1	23,87	7
L (m)	62,83	94,25	75,40	6,28	150	43,98

• On utilise la formule $L = 2\pi \times R$.

7 Ça marche ?

Un menuisier fabrique des escaliers qu'il vend aux tarifs suivants :

Nombre de marches	9	12	16	18
Prix en euros	235	280	340	370

Le prix est-il proportionnel au nombre de marches ?

Non car $2 \times 9 = 18$ mais $2 \times 235 = 470 \neq 370$.

• S'il y avait proportionnalité, quand on double le nombre de marches le prix devrait aussi doubler.

8 On nous mène en voiture

Une voiture consomme 5,8 litres de carburant aux 100 km.

a. Combien consomme-t-elle pour faire 375 km ?

Elle consomme $375 \times \dfrac{5,8}{100} = 21,75$ soit 21,75 L.

b. Combien de km peut-elle faire avec 40 litres ?

Elle peut faire : $40 \times \dfrac{100}{5,8}$ soit 690 km environ.

• On suppose bien sûr que la consommation reste fixe.

9 De révolution

Dans le tableau suivant la lettre H désigne la hauteur des cylindres de base 7 cm² et V désigne leur volume en cm³.

H (cm)	4	2,5	6	10	8,5	13
V (cm³)	28	17,5	42	70	59,5	91

Ce tableau est un tableau de proportionnalité. Pourquoi ?

On a $V = B \times H$ pour le volume d'un cylindre, et comme $B = 7$, V est proportionnel à H.

Le compléter.

• On a :
$V = 7 \times H$.

Nombres et calculs

Calculer et utiliser des échelles

Lire des distances sur une carte ; déterminer des longueurs sur un plan, etc. Voilà des situations où l'on utilise des échelles, avec la proportionnalité comme outil de base.

Corrigés

1 Avec une échelle

Un plan est à l'échelle $\frac{1}{50}$.

Compléter le tableau :

Sur le plan (en cm)	15	24	10
Distances réelles (en m)	7,5	12	5

• 1 cm sur le plan représente 50 cm dans la réalité c'est-à-dire 0,5 m.

2 Déterminer une échelle

Sur un plan, on a relevé l'indication suivante : |⎯⎯⎯ 2 m ⎯⎯⎯|
Quelle est l'échelle de ce plan ?

Longueur du trait sur le dessin : 5 cm. Donc 5 cm sur le dessin représente 200 cm. Donc 1 cm représente $\frac{200}{5}$ = 40 cm dans la réalité.

L'échelle est donc $\frac{1}{40}$.

• L'échelle s'écrit sous forme de fraction ayant pour numérateur l'unité.

3 Plan d'appartement

a. Déterminer l'échelle de ce plan :
Mettons tout en cm : 14,55 m = 1 455 cm. Mesurons sur le plan la distance correspondant à 1 455 cm : c'est 9,7 cm.
Donc 1 cm représente $\frac{1\ 455}{9,7}$ ≈ 150 cm. Donc l'échelle est $\frac{1}{150}$.

b. Déterminer l'aire des pièces en arrondissant à 0,1 m² près.

Pièce	Chambre	Chambre de bébé	Séjour	Cuisine
Aire en m²	10,7	5,7	14,6	5

• **b.** On mesure sur le plan les dimensions de la chambre, on trouve : 1,9 cm et 2,5 cm. Ce qui donne dans la réalité :
1,9 × 150 = 285 cm = 2,85 m
2,5 × 150 = 375 cm = 3,75 m
Donc l'aire de la chambre est :
2,85 × 3,75 ≈ 10,7 m².
• On procède de la même manière pour les autres pièces.

4 La Corse

a. Avec la carte, déterminer la distance Bastia-Bonifacio par la route en passant par Porto-Vecchio.

En lisant sur la carte : 20 + 26 + 24 + 15 + 58 + 27 = 170 km.

b. L'échelle de la carte est :

$\frac{1}{4\ 000}$ $\boxed{\frac{1}{1\ 200\ 000}}$ $\frac{1}{100\ 000\ 000}$ $\frac{1}{25\ 000}$

Entourer la bonne réponse et justifier :
En mesurant, par exemple, la longueur de la route entre Bastia et la borne qui suit au Sud, on trouve 1,65 cm pour une distance réelle de 20 km. C'est-à-dire 2 millions de cm.
Donc 1,65 cm représente 2 millions de cm.

Donc 1 cm représente $\frac{2\ 000\ 000}{1,65}$ ≈ 1 200 000 cm.

L'échelle est donc $\frac{1}{1\ 200\ 000}$.

c. Déterminer :
• La longueur maximale de la Corse :
Sur le dessin 15 cm soit 180 km.
• La largeur maximale de la Corse :
Sur le dessin 7 cm soit 84 km environ.
• La distance Bastia-Bonifacio à vol d'oiseau :
Sur le dessin 12 cm soit 144 km environ.

• **c.** Les résultats obtenus ne sont qu'approximatifs.

13 Nombres et calculs
Appliquer un pourcentage

Les soldes en abusent, les élus aussi. Bien comprendre les pourcentages permet d'affiner la réflexion citoyenne.
Ici encore la proportionnalité est l'outil de base.

1 Au tableau
Compléter :

Les \ de	36	75	110	556
50 %	18	37,5	55	278
25 %	9	18,75	27,5	139
60 %	21,6	45	66	333,6
200 %	72	150	220	1112

● On observera que prendre les 50 % d'un nombre c'est le diviser par 2, prendre 25 % c'est le diviser par 4.

2 Augmentations
a. Un salaire de 2 000 € a augmenté de 2 %.
L'augmentation est de $2\,000 \times \dfrac{2}{100} = 40$ €.
Le nouveau salaire est de $2\,000 + 40 = 2\,040$ €.

b. Dans un collège, le nombre d'élèves a augmenté de 8 %.
Il y avait 475 élèves.
L'augmentation a été de $475 \times 0,08 = 38$ élèves.
Il y a maintenant $475 + 38 = 513$ élèves.

c. Un produit coûte 70 € hors taxes.
La T.V.A. est de 19,6 %.
Montant de la T.V.A. : $70 \times \dfrac{19,6}{100} = 13,72$ €.
Prix toutes taxes comprises du produit : $70 + 13,72 = 83,72$ €.

● On peut multiplier 2 000 par 0,02 ou bien calculer
$2\,000 \times \dfrac{2}{100}$.

3 Diminutions
a. Une boutique propose 20 % de réduction. J'achète un pantalon qui valait 30 €.
Montant de la réduction : $30 \times 0,2 = 6$ €.
Prix réduit du pantalon : $30 - 6 = 24$ €.

b. Dans une province qui comptait 1 800 000 habitants,
la population a diminué de 7 %.
Nombre d'habitants en moins : $1\,800\,000 \times 0,07 = 126\,000$ hab.
Nouvelle population : $1\,800\,000 - 126\,000 = 1\,674\,000$ hab.

c. Pour une fois, l'oncle PIKTOUT a fait de mauvaises affaires.
Sa fortune, évaluée à 46 milliards d'écus, a diminué de 2,4 %.
Montant de ses pertes : $46 \times 0,024 = 1,104$ milliards d'écus.
Il lui reste : $46 - 1,104 = 44,896$ milliards d'écus.

● **c.** Pour éviter une kyrielle de zéros on utilise le milliard comme unité.

Corrigés

4 Une facture à compléter

Facture n° 2007	Prix H.T.	Prix T.T.C.
1 robinet Kifui	80 €	95,68 €
1 mélangeur Kiper	140 €	167,44 €
1 robinet thermos Kigout	210 €	251,16 €
Main d'œuvre	70 €	83,72 €
TOTAL :	500 €	598,00 €
dont T.V.A. (19,6 %) :		98 €

• On peut vérifier en calculant la T.V.A. de deux façons :
598 − 500 = 98.
$500 \times \dfrac{19,6}{100} = 98$.

5 Train-train

Un train TGV est parti de Paris à 8 h 27 et il est arrivé en gare de Poitiers à 11 h 02.
Le même train, le lendemain a mis 20 % de temps en plus pour rejoindre Poitiers.
À quelle heure est-il arrivé dans cette ville s'il est parti de Paris à 8 h 27 ?
Temps du premier parcours : 11 h 02 − 8 h 27 = 2 h 35 soit 155 min.
Augmentation de la durée du trajet = 155 × 0,2 = 31 min.
Le train est donc arrivé à 11 h 02 min + 31 min = 11 h 33.

• Poser les opérations sur le brouillon.

Nombres et calculs

14 Calculer un pourcentage

 Dans la vie courante, bien des situations donnent lieu à un calcul de pourcentages (sondages, alimentation,...).

1 Calculs de pourcentages

a. Les **30** % de 450, c'est 135.
b. Les **260** % de 35, c'est 91.
c. Les **14** % de 350, c'est 49.
d. Les **74** % de 30, c'est 22,2.

• Pour le **a.**, on utilise le tableau

450	100
135	?

2 Un peu d'aires

Un carré ABCD de 50 × 50 a été partagé en trois rectangles **R1**, **R2** et **R3**.

a. Quel pourcentage d'aire occupe le rectangle **R1** dans le carré ABCD ?

Le carré ABCD a pour aire :
50 × 50 = 2 500 et R1 = 600

d'où le tableau

2 500	100
600	x

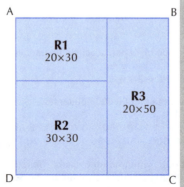

d'où $x = 100 \times \dfrac{600}{2\,500} = 24$
R1 occupe 24 % de l'aire de ABCD.

• En mathématique on peut aussi raisonner sans utiliser d'unités pour les dimensions.

2 **b.** Même question avec le carré **R2**.

L'aire de R2 est : 30 × 30 = 900, d'où le tableau

2 500	100
900	x

$x = 100 \times \dfrac{900}{2\,500} = 36$. Donc R2 occupe 36 % de l'aire de ABCD.

c. Même question avec le rectangle **R3**.

R3 a pour aire 20 × 50 = 1 000. Donc R3 occupe 40 % de l'aire de ABCD.

d. Quel pourcentage du côté AB représente le côté du carré **R2** ?

On utilise le tableau

50	100
30	x

d'où $x = 100 \times \dfrac{30}{50} = 60$; soit 60 %.

• En ajoutant les trois pourcentages on obtient 100 % ce qui constitue une vérification.

---

3 « Vingt fois sur le métier remettez votre ouvrage »

L'un des trois auteurs d'un livre de mathématiques a consacré :

1 : 517 h pour l'écriture du manuscrit   2 : 204 h pour la relecture des épreuves
3 : 36 h pour la mise en page   4 : 60 h en déplacements.

a. Combien d'heures de travail a-t-il totalisées (déplacements compris) ?

517 + 204 + 36 + 60 = 817 h.

b. Quels pourcentages du temps total a-t-il consacrés à chacun des quatre postes ? (arrondir à 0,1 % près)

1 : **On utilise le tableau**

517	100
817	x

d'où $x = 100 \times \dfrac{517}{817}$ soit 63,3 %.

2 : **On utilise le tableau**

204	100
817	x

on obtient $x = 100 \times \dfrac{204}{817}$ soit 25 %.

3 : **De même avec le tableau**

36	100
817	x

$x \approx 4{,}4$ %.

4 : **De même et enfin**

60	100
817	x

$x = 7{,}3$ %.

Vérification : 63,3 % + 25 % + 4,4 % + 7,3 % = 100 %.

• En ajoutant les quatre pourcentages on obtient 100 % ce qui constitue une vérification.

---

4 **Budget vacances**

Pour camper pendant trois semaines à la montagne, la famille Pensatout adopte le budget vacances correspondant au diagramme ci-dessous.

Le voyage (**17** %) soit 241,4 €
Hébergement (10 %) soit 142 €
Visites (**16** %) soit 227,2 €
Loisirs (**23** %) soit 326,6 €
Nourriture (**34** %) soit 482,8 €

a. Calculer le budget total : **Le tableau**

10	100
142	x

donne $x = 1\,420$.

• Pour le **a.**, on peut conclure aussi en observant que 100 % est 10 fois 10 %.

Corrigés

4 **b.** Combien coûte la nourriture ? **1 420 − (142 + 241,4 + 227,2 + 326,6) = 482,8**

c. Compléter le diagramme après avoir calculé les pourcentages manquants.
**Voyage : 241,4 € soit 17 % ; Visites : 16 % ; Loisirs : 23 % ;
Nourriture : 34 %.**

Nombres et calculs
Repérer des points

 On a vu en Sixième qu'une seule coordonnée, l'abscisse permettait de déterminer la position d'un point sur une droite graduée. Dans le plan muni d'un repère deux coordonnées seront nécessaires : l'abscisse et l'ordonnée.

1 **Sur une droite graduée**

● On se souvient que $\pi \approx 3{,}14$.

Placer le point A d'abscisse 3, le point B d'abscisse − 1,5, le point C d'abscisse − 3, le point I d'abscisse 1 et le point O d'abscisse nulle. Placer « au mieux » le point P d'abscisse π.

2 **Pour savoir**

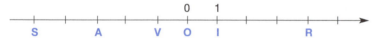

a. Quelles sont les abscisses des points S, A, V, O, I, R ?

S(− 5) ; A(− 3) ; V(− 1) ; O(0) ; I(1) ; R(4).

b. Calculer les distances suivantes :

OR = **4 − 0 = 4**   SI = **1 − (− 5) = 1 + 5 = 6**

RA = **4 − (− 3) = 4 + 3 = 7**   SV = **− 1 − (− 5) = − 1 + 5 = 4**

OA = **0 − (− 3) = 0 + 3 = 3**   IR = **4 − 1 = 3**.

● **b.** De 0 à R il y a 4 unités donc OR = 4.
Pour RA, il y en a 7.
● Pour calculer la distance entre deux points on ne peut pas utiliser la valeur absolue qui n'est pas au programme de Cinquième.

3 **Repérage dans le plan**

La courbe suivante représente la hauteur de l'eau dans un port en fonction de l'heure.

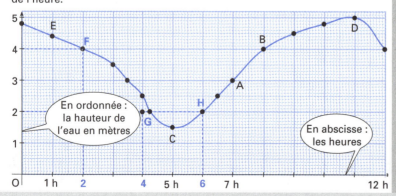

3 Répondre en lisant le graphique ci-dessus :

a. Quelles sont les coordonnées du point A ? A **(7 ; 3)** ; du point B ? **(8 ; 4)**

b. Quelles sont les coordonnées du point E ? **(1 ; 4,4)** ; du point C ? **(5 ; 1,5)**

c. Quelle est l'ordonnée du point de la courbe d'abscisse 3 ? **3,5** d'abscisse 8 ? **4** ; d'abscisse 0 ? **4,8**

d. Quelles sont les abscisses des points de la courbe dont l'ordonnée est 3 ? **3,5 et 7**

e. Placer le point F de coordonnées (2 ; 4). Le point G de coordonnées (4 ; 2) est-il sur la courbe ? **non**. Placer le point H de coordonnées (6 ; 2).

f. Donner les coordonnées du point de la courbe ayant la plus grande ordonnée : **D(11 ; 5)** ; ayant la plus petite ordonnée : **C(5 ; 1,5)**.

• On remarquera que les points de l'axe des ordonnées ont une abscisse nulle.

4 Petit rat deviendra grand

Le tableau ci-dessous donne la masse moyenne d'un rat (en grammes) en fonction de son âge.

Âge en jours	0	10	100	200	300	400	500	600	700
Masse moyenne	5	50	130	190	240	270	290	300	305

a. Graduer les axes et construire la courbe de croissance de notre petit rat.

b. Marquer le point B (600 ; 300).

c. Marquer le point A de la courbe d'abscisse 300. Quelle est son ordonnée ? **240**

d. La masse du petit rat est-elle proportionnelle à son âge ?
Non bien sûr, car les points du graphique ne sont pas alignés.

• **d.** On peut remarquer aussi que :
100 + 200 = 300
et 130 + 190 = 320 ≠ 240.

Nombres et calculs

16 Diagrammes statistiques : fréquences

 Il s'agit ici d'acquérir les premiers outils de la statistique (représenter des données sous forme de diagrammes, de tableaux, les regrouper en classes de même amplitude, calculer des fréquences).

1 C'est un devoir

Après avoir corrigé ses copies, un professeur construit le diagramme en bâtons ci-contre :

a. Combien de fois a-t-il mis la note 12 ? **Le professeur a mis 2 fois la note 12.**

b. Quelles sont les notes figurant sur trois copies au moins ? **10 ; 11 et 14**

c. Compléter le tableau des fréquences exprimées en pourcentage.

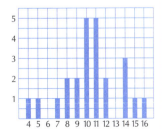

• **c.** On compte l'effectif total : 24, puis l'effectif correspondant à chaque note.

25

Corrigés

1

Note	4	5	7	8	9	10	11	12	14	15	16
Fréquence en %	4,2	4,2	4,2	8,3	8,3	20,8	20,8	8,3	12,5	4,2	4,2

d. Quel est le pourcentage des élèves n'ayant pas la moyenne ?
**On compte 7 élèves qui n'ont pas la moyenne d'où le pourcentage $7 \div 24 \approx 29,2$ %.
On peut aussi ajouter 4,2 % + 4,2 % + 4,2 % + 8,3 % + 8,3 % = 29,2 %, mais cette méthode est moins précise que la précédente.**

2 Allez les bleus !

Voici les tailles (en cm) des 24 minimes d'un club de football :

```
134   136   156   152   146   139   158   140
145   148   138   151   147   148   162   156
141   151   147   160   157   143   153   149
```

a. Compléter le tableau suivant où l'on regroupe les tailles en 7 classes.

Taille en cm	130 ≤ T < 135	135 ≤ T < 140	140 ≤ T < 145	145 ≤ T < 150	150 ≤ T < 155	155 ≤ T < 160	160 ≤ T < 165
Effectif	1	3	3	7	4	4	2

● **a.** Entre 135 et 140 cm (140 exclu) on a 3 joueurs ; donc l'effectif de la classe « 135 < T ≤ 140 » est 3.

b. Construire l'histogramme représentant ce tableau.

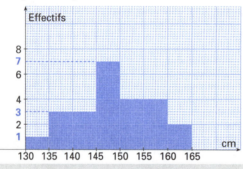

3 Diagramme circulaire

Voici le « camembert » des cinq sports pratiqués par les 288 adhérents d'un club.

Compléter le tableau suivant en mesurant d'abord les angles sur le dessin :

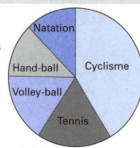

Sport	Cyclisme	Natation	Hand-ball	Volley-ball	Tennis	Total
Degrés	150°	45°	45°	57°	63°	360°
Effectif	120	36	36	46	50	288
Fréquence en %	41,7 %	12,5 %	12,5 %	15,8 %	17,5 %	100 %

● On commence par mesurer l'angle de chaque secteur angulaire.
● Ces nombres ne sont qu'approximatifs car liés à la lecture de l'angle au rapporteur.

4 Sportez-vous bien

Les joueurs se rendent au stade à pied, en vélo, en auto ou en bus.

a. Compléter le tableau de proportionnalité ci-dessous :

	Pied	Vélo	Auto	Bus	TOTAL
Effectif	11	8	4	7	30
Degrés	132°	96°	48°	84°	360°
Fréquence en %	37%	27%	13%	23%	100%

× 12

b. Construire le diagramme circulaire correspondant à ce tableau.

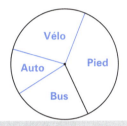

● **a.** On commence par déterminer l'angle de chaque secteur angulaire en utilisant la proportionnalité de cet angle et de l'effectif.

17 Géométrie et mesures
Construire des symétriques par rapport à un point

En Sixième on a construit le symétrique d'une figure par rapport à une droite (symétrie axiale), l'étude des symétries se poursuit avec la construction du symétrique d'une figure par rapport à un point (symétrie centrale).

1 Symétriques de points (1)

Marquer en couleur les symétriques A', B', C', D' et E' des points A, B, C, D et E par rapport au point O.

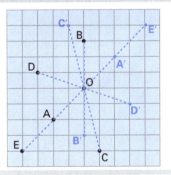

● Sur un quadrillage pour construire un symétrique, on compte les carreaux.

2 Symétriques de points (2)

Même travail qu'à l'exercice précédent.

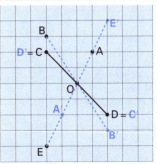

● Comme O est le milieu de [CD] alors C' = D et D' = C.

Corrigés

3 Symétrique d'un triangle (1)

Construire le symétrique du triangle par rapport au point O.

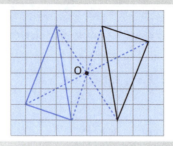

● Le point O est à l'extérieur des deux triangles qui n'ont alors aucun point en commun.

4 Symétrique d'un triangle (2)

Même travail qu'à l'exercice précédent.

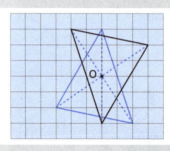

● Le point O est à l'intérieur du triangle qui « chevauche » alors son symétrique.

5 Symétrique d'un triangle (3)

O est le milieu de [AC].

a. Construire D le symétrique de B par rapport à O.

b. Quel est le symétrique par rapport à O de A ? **C** ; de C ? **A** ; de D ? **B**

c. Quel est le symétrique par rapport à O du segment [BC] ? **[AD]** ; de [AB] ? **[DC]**.

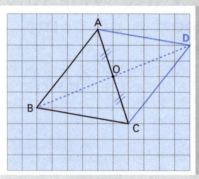

● *Remarque :* ABCD est alors un parallélogramme.

6 Le TOUR

a. Construire le symétrique T'O'U'R' du quadrilatère TOUR, par rapport au point J.

b. En ajoutant les périmètres de TOUR et de T'O'U'R' on obtient 23,2 cm. Quel est le périmètre de TOUR ?

Comme une symétrie centrale transforme un segment en un segment de même longeur, en ajoutant les périmètres de TOUR et T'O'U'R' on obtient 2 fois le périmètre de TOUR. Donc, le périmètre de TOUR est $\frac{23,2}{2}$ = 11,6 cm.

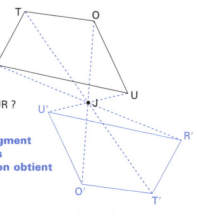

● a. Pour construire le symétrique T' de T, on trace la droite (TJ) puis à l'aide du compas on construit T' tel que : TJ = T'J.

7 Symétrique d'une droite

Construire le point A symétrique de E par rapport à O, puis le point B symétrique de F par rapport à O.

Que dire des droites (AB) et (EF) ?

Justifier :

Une symétrie centrale transforme une droite en une droite parallèle donc (AB) // (EF).

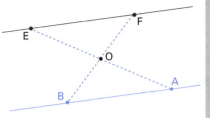

● On peut observer que EFAB est un parallélogramme et donc (EF) // (AB).

8 Symétriques d'un cercle

a. Construire le symétrique du cercle par rapport au point A.

b. Même travail avec le point B.

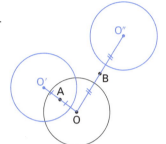

● On commence par construire le symétrique du centre puis on trace un cercle de même rayon.

18 Géométrie et mesures
Reconnaître des axes et des centres de symétrie

La présence d'un axe ou d'un centre de symétrie dans une figure permet de justifier facilement certaines des propriétés géométriques de cette figure. C'est pourquoi on apprend ici à reconnaître les éléments de symétrie des objets géométriques usuels.

1 Mal centré

Noircir d'autres cases pour que O soit centre de symétrie de ces figures.

a.

b.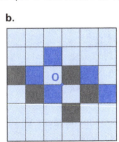

c.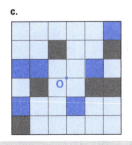

● Plusieurs solutions sont possibles car on peut aussi noircir d'autres cases blanches et leurs symétriques.

Corrigés

2 Mal axé

Noircir d'autres cases pour que ces figures soient symétriques par rapport à la droite Δ.

a.
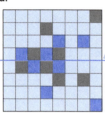

b.
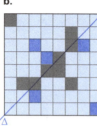

c.
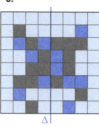

● Pour la symétrie par rapport à la droite Δ, penser au pliage du dessin le long de la droite Δ.

3 Objets géométriques (1)

Sur chaque dessin, tracer les axes et centres de symétrie (s'ils existent !).

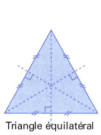

Triangle équilatéral — Rectangle

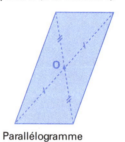

Parallélogramme

● Pour le triangle équilatéral, trois axes de symétrie.
● Pour le rectangle, deux axes et un centre de symétrie.
● Pour le parallélogramme, un centre de symétrie.

4 Objets géométriques (2)

Même travail qu'à l'exercice précédent.

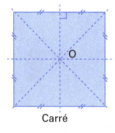

Carré

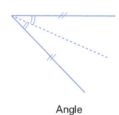

Angle

Spirale

● Pour le carré, quatre axes de symétrie et un centre de symétrie.
● Pour l'angle, un axe de symétrie : la bissectrice.
● Et rien pour la spirale.

5 Rosace et fleur

Dans chaque cas, la figure possède deux axes de symétrie d et Δ. Seule une partie de la figure a été dessinée.

a. Compléter les deux dessins à l'aide du compas.

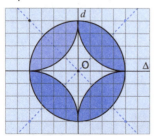
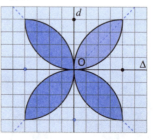

● Pour chaque figure, le point O, commun aux droites d et Δ, est un centre de symétrie.

b. Ces figures admettent-elles un centre de symétrie ? **oui.** Si oui, lequel ? **O.**
Admettent-elles d'autres axes de symétrie ? **oui.** Si oui, les tracer.

19 Géométrie et mesures
Symétries et angles

Les symétries permettent de comprendre pourquoi les angles opposés par le sommet, alternes internes, correspondants ont la même mesure. On apprend ici à utiliser ces notions.

1 Avec un triangle

a. Tracer le symétrique F'A'C' du triangle FAC par rapport au point J.

b. Noter sur le dessin les angles de même mesure.

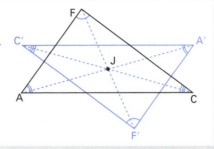

● Des angles symétriques par rapport à un point ont la même mesure.

2 Avec un quadrilatère

a. Tracer le symétrique T'O'Q'P' du quadrilatère TOQP par rapport à la droite d.

b. Colorier d'une même couleur les angles de même mesure.

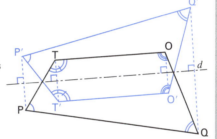

● Des angles symétriques par rapport à une droite ont la même mesure.

3 Avec des parallèles

Les droites D, D' et D'' sont parallèles.
Donner la mesure des angles :

$\widehat{a}$ = **52°** $\widehat{b}$ = **52°**

$\widehat{c}$ = **52°** $\widehat{d}$ = **105°**

$\widehat{e}$ = **180° − 52° = 128°**

$\widehat{f}$ = **180° − 105° = 75°**

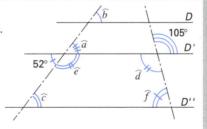

● Pour $\widehat{a}$: angles opposés par le sommet.
● Pour $\widehat{b}$ et $\widehat{c}$: angles correspondants.
● Pour $\widehat{d}$: opposés par le sommet.
● Pour $\widehat{e}$: angles supplémentaires.
● Pour $\widehat{f}$: angles correspondants et angles supplémentaires.

4 Parallèles ?

Les droites (Ay) et (Bz) sont-elles parallèles ? **oui**
Pourquoi ?
**L'angle $\widehat{xAy}$ mesure 180° − 118° = 62°.
Les angles correspondants $\widehat{xAy}$ et $\widehat{ABz}$ ont même mesure donc (Ay) et (Bz) sont parallèles.**

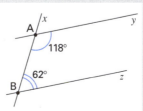

● Ne pas oublier qu'un angle plat mesure 180°.

Corrigés

5 Avec un trapèze ABCD

a. Tracer la parallèle à (BD) passant par C. Tracer la parallèle à (AC) passant par D. Ces deux droites se coupent en O.

b. Indiquer sur le dessin les angles mesurant 28° puis ceux mesurant 22°.

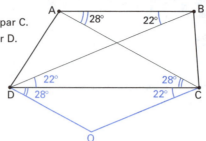

● Par exemple, les angles alternes internes $\widehat{ABD}$ et $\widehat{BDC}$ ont la même mesure 22°.

6 Avec un triangle rectangle (1)

La droite Δ est parallèle à (BC).
Combien mesure l'angle $\widehat{x}$? $\widehat{x}$ et $\widehat{B}$ sont alternes internes donc $\widehat{x}$ mesure 28°.

L'angle $\widehat{y}$? 62°. Calculer la somme des mesures des angles $\widehat{x}$, $\widehat{a}$, $\widehat{y}$.
$\widehat{a}$ mesure 90°.
Donc $\widehat{x} + \widehat{a} + \widehat{y}$ = 28° + 90° + 62° = 180°.

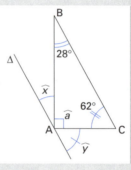

● La somme des angles d'un triangle mesure 180° ; ce résultat est tout à fait général.

7 Avec un triangle rectangle (2)

Le triangle ABC est rectangle en A.
a. Combien mesure l'angle $\widehat{x}$?
$\widehat{x}$ = 90° − 72° = 18°

b. Expliquer pourquoi (BD) est parallèle à (AI) :
Les angles alternes internes $\widehat{x}$ et $\widehat{ABD}$ sont égaux. Donc (BD) est parallèle à (AI).

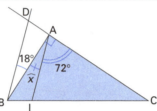

● Observons que $\widehat{BDA}$ = 72° car $\widehat{BDA}$ et $\widehat{IAC}$ sont des angles correspondants égaux.

---

20 Géométrie et mesures
Connaître et utiliser les parallélogrammes

Le parallélogramme est une figure clef en géométrie.
On apprend ici à le reconnaître et à utiliser ses propriétés dans différentes configurations géométriques.

1 Reconnaître des parallélogrammes

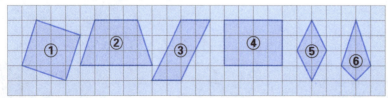

● Le quadrilatère
① est aussi un carré ;
④ est aussi un rectangle ;
⑤ est aussi un losange ;
② est un trapèze ;
⑥ est un cerf-volant.

Citer tous les quadrilatères qui sont des parallélogrammes : **1 ; 3 ; 4 ; 5.**

2 Avec les diagonales

Soit ABC un triangle et J le milieu de [BC]. Soit D le symétrique de A par rapport à J.
a. Compléter la figure.
b. Que dire du quadrilatère ABDC ?
ABDC est un parallélogramme.

Pourquoi ? **J est le milieu de [BC]. J est aussi le milieu de [AD] car D est le symétrique de A par rapport à J. Les diagonales de ABDC se coupent donc en leur milieu. Donc ABDC est un parallélogramme.**

• Cette figure se retrouve dans de nombreuses configurations géométriques.

3 Avec les côtés opposés

Soit un segment [AB] et deux points K et J.
a. Construire les symétriques C et D des points A et B par rapport à K.
b. Construire les symétriques E et F des points C et D par rapport à J.
c. Démontrer que (AB) // (DC) et AB = DC.
[CD] est le symétrique de [AB] par rapport à K, donc AB = DC et (AB) // (DC).
d. De même démontrer que (DC) // (EF) et DC = EF.
[EF] est le symétrique de [DC] par rapport à J, donc DC = EF et (DC) // (EF).
e. Que dire du quadrilatère ABFE ? **ABFE ayant deux côtés opposés parallèles et de même longueur est un parallélogramme.**

• Le symétrique d'un segment [AB] est un segment parallèle à (AB) et de même longueur que [AB].

4 Angles et parallélogramme

ABCD est un parallélogramme dont l'angle $\widehat{A}$ mesure 113°. Donner :
• $\widehat{C}$ = **113°** ;
• $\widehat{B}$ = **67°** ;
• $\widehat{D}$ = **67°**.

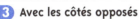

• On a 180° − 113° = 67° donc $\widehat{B}$ mesure 67°.

5 Côté commun

Soit ABCD et CDEF deux parallélogrammes ayant le côté [CD] en commun.
a. Compléter la figure.
b. Prouver que AB = EF et (AB) // (EF).
Comme ABCD est un parallélogramme alors AB = DC et (AB) // (DC). De même, EFCD est un parallélogramme, donc DC = EF et (DC) // (EF). Donc AB = EF et (AB) // (EF).
c. Citer un troisième parallélogramme : **D'après le b., ABFE est un parallélogramme.**
d. Montrer que [AF] et [BE] ont le même milieu : **Les diagonales [AF] et [BE] du parallélogramme ABFE se coupent en leur milieu.**

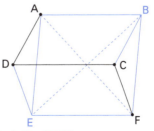

• Dans **b.** et **d.** on utilise des propriétés du parallélogramme.
Au **c.** on prouve que ABFE est un parallélogramme.

33

Corrigés

6 Cercles et parallélogramme

Les deux cercles ont le même centre.
Prouver que AD = BC et (AD)//(BC).

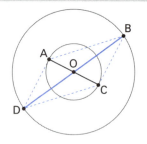

Comme [AC] et [BD] ont le même milieu O, alors le quadrilatère ABCD est un parallélogramme. Or dans un parallélogramme les côtés opposés sont parallèles et de même longueur ; donc AD = BC et (AD) // (BC).

• [BD] est un diamètre d'un cercle de centre O, alors O est le milieu de [BD].
De même O est le milieu de [AC].

21 Géométrie et mesures
Connaître et utiliser les rectangles

Le rectangle est un parallélogramme doté de propriétés particulières aussi bien en ce qui concerne les côtés que les diagonales. On apprend ici à utiliser ces propriétés.

1 Les voyez-vous tous ?

Compter les carrés et les rectangles non carrés dans les figures suivantes.

a.   9 carrés
10 rectangles non carrés

b.   10 carrés
8 rectangles non carrés

• a. Il y a 2 grands carrés et 7 petits ; donc 9 carrés.
Pour les rectangles on compte 5 rectangles horizontaux et 5 verticaux.

2 Quatre plats dans un four

Peut-on enfourner, les uns à côté des autres, quatre plats rectangulaires de 16 cm x 24 cm dans un four de 43 cm x 43 cm ?
Si oui, faire un dessin à l'échelle 1/10.

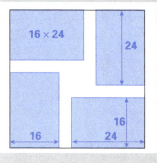

• Avec cette disposition les 4 plats logent dans le four car on a :
16 + 24 = 40
et 40 < 43.

3 Rectangle incomplet (1)

Construire les sommets B, C et D d'un rectangle ABCD ayant d et d' pour axes de symétrie.

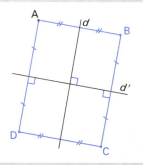

• Construire les symétriques de A par rapport à d et d' puis par exemple le symétrique de B par rapport à d'.

4 Rectangle incomplet (2)

Construire le sommet D du rectangle ABCD.

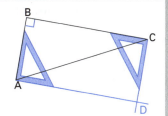

● Plusieurs méthodes sont possibles pour construire D. On peut aussi construire le symétrique de B par rapport au milieu de [AC].

5 Rectangle incomplet (3)

Construire les sommets D et C du rectangle ABCD, dont le centre de symétrie est O.

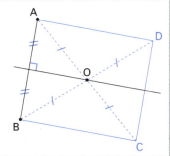

● Utiliser la symétrie par rapport au point O.

6 Rectangle incomplet (4)

a. Construire les sommets B et D d'un rectangle ABCD, ayant d pour axe de symétrie.

b. Tracer l'autre axe de symétrie.

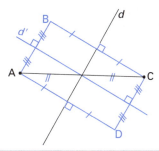

● Construire D le symétrique de A par rapport à d puis B le symétrique de C par rapport à d.

7 Rectangle incomplet (5)

a. Construire les sommets B et D d'un rectangle ABCD, sachant que B est un point de la droite d.

b. Placer O le centre de symétrie de ABCD.

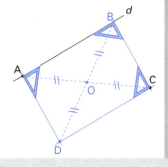

● Après avoir construit B on peut aussi construire le symétrique de B par rapport au milieu de [AC].

8 Diagonale commune

a. Construire deux rectangles PAIN et POIS de dimensions différentes mais ayant la diagonale [PI] en commun.

b. Compléter :

AN = **PI** = **OS**

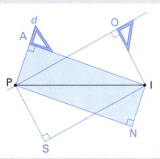

● Les diagonales d'un rectangle ont la même longueur donc AN = PI = OS.

35

Corrigés

9 Un carré

a. Construire les sommets B, C et D d'un carré ABCD, tel que d soit un axe de symétrie et (AB) // d.

b. Placer O le centre de symétrie de ABCD.

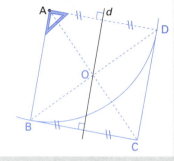

● On construit le symétrique de A par rapport à d.
On porte alors sur la perpendiculaire à (AD) passant par A, le segment [AB] de longueur AD, puis on construit C.

---

22 Géométrie et mesures
Connaître et utiliser les losanges

On termine l'étude des parallélogrammes particuliers par le losange que l'on apprend ici à reconnaître, de plus ses propriétés seront utilisées dans des constructions.

1 Les voyez-vous tous ?

ABCDEF est un hexagone régulier inscrit dans le cercle 𝒞 de centre O.

a. Citer les trois losanges de centre O.
AHDK ; BIEL ; CJFG.

b. Colorier six losanges dont un sommet est O et deux autres sommets non situés sur 𝒞.

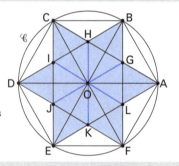

● a. Les losanges n'ont pas été tracés pour ne pas surcharger la figure.

2 Médiatrices

ABCD est un losange de centre O.
Compléter :

a. La médiatrice de [AC] est la droite **(BD)**. Celle de [BD] est la droite **(AC)**.

b. Dessiner un losange BIDE. Ses sommets I et E sont situés sur la droite **(AC)**.

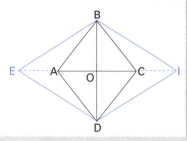

● Placer sur (AC) I et E symétriques par rapport à O.

3 Cerf-volant

a. Le quadrilatère CERF est-il un losange ? Justifier.
Non, car ses diagonales ne se coupent pas en leur milieu.

b. Construire sur la figure précédente les points I et U tels que FRIC et CURE soient des losanges.

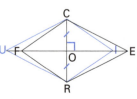

● a. CERF n'est même pas un parallélogramme.
● b. Construire I le symétrique de F par rapport à O puis U le symétrique de E par rapport à O.

4 Losange incomplet (1)

Construire les sommets O et A d'un losange LOSA ayant 3,5 cm de côté.

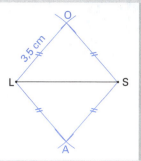

● Les arcs de cercles de rayon 3,5 cm de centre L et S se coupent en O et A.

5 Losange incomplet (2)

Construire les sommets S et A du losange LOSA dont la diagonale [LS] est sur la demi-droite [L*t*).

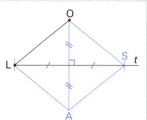

● On construit A le symétrique de O par rapport à [L*t*).
On construit S le symétrique de L par rapport au milieu de [OA].

6 Losange incomplet (3)

Construire les sommets O et A d'un losange LOSA dont le sommet O est situé sur [L*x*).

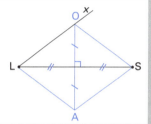

● On construit la médiatrice de [LS] qui coupe [L*x*) en O.

7 Côté commun

• Construire deux losanges non superposables ROUE et RAIE ayant le côté [RE] en commun.

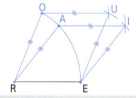

● D'abord les points O et A sont choisis sur l'arc de cercle de centre R et de rayon RE ; puis on complète par les sommets U et I.

8 Angles d'un losange

a. Construire un losange LOSA dont l'angle $\widehat{L}$ mesure 65°.

b. Combien mesurent les autres angles ?
$\widehat{O}$ = **115°** ; $\widehat{S}$ = **65°** ;
$\widehat{A}$ = **115°**.

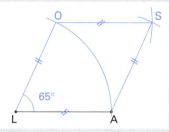

● Les angles opposés d'un losange ont la même mesure donc $\widehat{S}$ = 65°, les angles consécutifs sont supplémentaires, donc $\widehat{O}$ = 180° − 65° = 115° et bien sûr $\widehat{A}$ = $\widehat{O}$ = 115°.

9 Un carré

Construire les sommets BCD d'un carré ABCD de centre O.

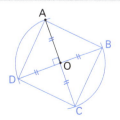

● On construit C le symétrique de A par rapport à O puis la médiatrice de [AC]. On termine en traçant deux arcs de cercle centrés en O et de rayon OA.

Corrigés

23 Géométrie et mesures
Construire des triangles

Le triangle est l'une des figures de base de la géométrie. On apprend ici à le construire à partir de certains de ses éléments.

1 Avec trois côtés connus

Construire un triangle ABC tel que :
AB = 6 cm
BC = 5 cm
AC = 4 cm
Quel est le périmètre de ABC ?
AB + BC + AC = 6 + 5 + 4 = 15 cm.

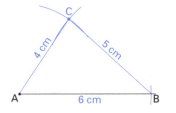

• L'arc de cercle de centre A et de rayon 4 cm coupe en C l'arc de cercle de centre B et de rayon 5 cm.

2 Avec un angle entre deux côtés

Construire un triangle EFG tel que :
EF = 6 cm
EG = 4 cm
$\widehat{FEG}$ = 40°
Mesurer FG et donner le périmètre de EFG : FG = **3,9** cm.
Périmètre = **6 + 4 + 3,9 = 13,9** cm.

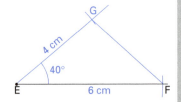

• Tracer d'abord [EF] puis l'angle $\widehat{FEG}$ avec le rapporteur. Placer ensuite le point G.
En mesurant on trouve GF ≃ 3,9 cm.

3 Avec un côté entre deux angles

Construire un triangle LMN tel que :
MN = 5 cm
$\widehat{NML}$ = 70°
$\widehat{MNL}$ = 50°
Calculer la mesure de $\widehat{MLN}$:
$\widehat{MLN}$ = **180° − (70° + 50°) = 60°**

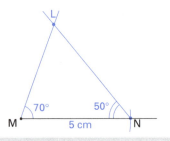

• Tracer d'abord [MN] puis les angles $\widehat{NML}$ et $\widehat{MNL}$ avec le rapporteur.

4 Avec un angle et deux côtés

Construire deux triangles PQR tels que :
PQ = 5 cm
$\widehat{QPR}$ = 35°
QR = 3 cm

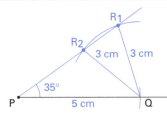

• Tracer d'abord [PQ] puis l'angle $\widehat{QPR}$.
Tracer ensuite un arc de cercle de centre Q et de rayon 3 cm.

5 Construction d'un triangle

Construire le triangle FAX ayant les mesures indiquées ici.

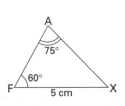

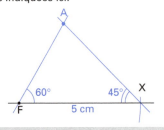

• L'angle $\widehat{X}$ mesure
180° − (60° + 75°) = 45°.
On trace [FX] puis les angles $\widehat{F}$ et $\widehat{X}$.

6 Avec le compas

Compléter le triangle DEF sachant que $\widehat{E} = \widehat{B}$ et $\widehat{F} = \widehat{C}$.

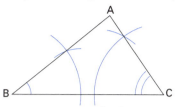

● On reporte au compas l'angle $\widehat{B}$ puis l'angle $\widehat{C}$. On obtient ainsi le point D.

Expliquer pourquoi $\widehat{A} = \widehat{D}$.

On a $\widehat{A} = 180° - \widehat{B} - \widehat{C}$ et $\widehat{D} = 180° - \widehat{E} - \widehat{F}$; mais $\widehat{E} = \widehat{B}$ et $\widehat{F} = \widehat{C}$ donc $\widehat{A} = \widehat{D}$.

24 Géométrie et mesures
Connaître des droites remarquables

Les hauteurs, les médianes, les bissectrices et enfin les médiatrices sont les principales droites remarquables d'un triangle. On insiste ici sur la propriété des trois médiatrices d'un triangle. Elles sont concourantes en un point qui est le centre du cercle circonscrit au triangle.

1 Droites remarquables

a. Tracer en trait plein, la hauteur issue de A, puis en pointillés la médiane issue de A.

b. Tracer la bissectrice issue de C puis la médiatrice de [AB].

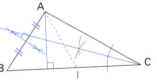

● Pour tracer la hauteur on peut utiliser l'équerre et pour tracer la médiane on place le milieu I de [BC].

2 Avec trois angles aigus

a. Construire les trois médiatrices du triangle ABC.

b. Tracer le cercle circonscrit au triangle ABC.

c. Construire la hauteur issue de A (en pointillés).

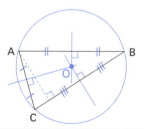

● Pour tracer une médiatrice ou une bissectrice, utiliser le compas.

3 Avec un angle obtus

a. Construire les médiatrices du triangle ABC.

b. Tracer le cercle circonscrit à ce triangle.

c. Construire la hauteur issue de A (en pointillés).

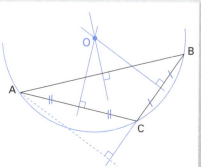

● Lorsque le triangle a un angle obtus, les trois médiatrices se coupent à l'extérieur du triangle.
c. La hauteur issue de A est à l'extérieur du triangle.

Corrigés

4 Une démonstration

a. Construire les trois médiatrices du triangle ABC. Elles se coupent en O.

b. Expliquer pourquoi OA = OB.
O est sur la médiatrice de [AB] donc OA = OB.

Et pourquoi OB = OC.
O est aussi sur la médiatrice de [BC] donc OB = OC.

c. Donc OA = **OB** = **OC** et les points A, B et C sont sur un même cercle de centre **O**.

d. Tracer finalement le cercle de centre O passant par A, B et C.

On dit que ce cercle est **le cercle circonscrit** au triangle ABC.

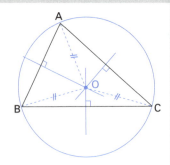

• Rappel : Tout point de la médiatrice de [AB] est équidistant de A et de B.

5 Le puits

Trois voisins habitant en A, B et C veulent forer un puits situé à égale distance des trois maisons.

a. Construire le point P où sera foré le puits.

b. Placer une quatrième maison en un point D situé à la même distance du puits que les trois autres maisons.

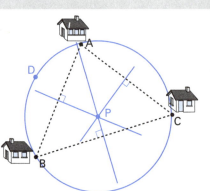

• a. P est équidistant de A, B et C donc AP = BP = CP, donc P est le centre du cercle circonscrit à ABC.

• b. Placer D sur le cercle circonscrit à ABC.

25 Géométrie et mesures
Connaître les propriétés des triangles particuliers

Les définitions du triangle isocèle, équilatéral, rectangle sont vues en Sixième. L'étude de ces triangles particuliers se poursuit en Cinquième, avec le cercle circonscrit et la somme des angles d'un triangle.

1 Avec le périmètre

La base d'un triangle isocèle mesure 7 cm et le périmètre 31 cm. Calculer la longueur de chacun des autres côtés du triangle. **Puisque le périmètre mesure 31 cm et la base 7 cm alors les deux côtés égaux ont pour somme 31 − 7 soit 24 cm, donc chacun de ses côtés mesure 24 ÷ 2 = 12 cm.**

• Revoir la définition du triangle isocèle.

2 Hauteur principale

Compléter un triangle ISO isocèle en I tel que IS = 37 mm et OS = 28 mm.

Tracer la hauteur issue de I.

Quel est le symétrique de S par rapport à cette hauteur ?

Le symétrique de S est O.

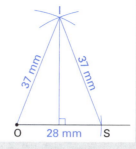

• Tracer d'abord le segment [OS] puis à l'aide du compas construire le point I tel que IO = IS.

3 Triangle équilatéral

Compléter un triangle équilatéral ART, sachant que son périmètre mesure 9,3 cm.

Tracer la médiane issue de T.

Construire le cercle circonscrit à ART.

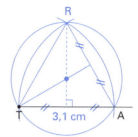

• Les trois côtés d'un triangle équilatéral sont égaux, donc un côté mesure 9,3 ÷ 3 soit 3,1 cm.

4 Avec un angle connu

Un angle d'un triangle isocèle mesure 56°.

Calculer la mesure des deux autres angles du triangle.

1er cas : l'angle au sommet mesure 56°, donc les 2 autres angles égaux ont pour somme 180° − 56° = 124°, donc chacun de ces angles mesure 124° ÷ 2 = 62°.
2e cas : un angle à la base mesure 56°, donc l'autre angle à la base mesure aussi 56° et l'angle au sommet mesure (180° − 2 × 56°) = 68°.

• Les angles à la base d'un triangle isocèle sont égaux.

5 Médiane et hypoténuse

Compléter un triangle LOI, rectangle en L, sachant que LO = 41 mm et $\widehat{LOI}$ = 23°.

Construire et mesurer la médiane issue de L : **environ 22** mm.

Mesurer l'hypoténuse : **environ 44** mm.

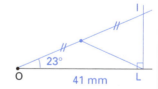

• Tracer d'abord le segment [OL] puis construire l'angle $\widehat{LOI}$ à l'aide du rapporteur.
• Tracer l'angle $\widehat{OLI}$ à l'aide de l'équerre.

6 Angles d'un triangle rectangle

Un angle d'un triangle rectangle mesure 58°. Donner la mesure des autres angles.

L'autre angle aigu mesure 90° − 58° = 32° et l'angle droit mesure 90°.

• Les angles aigus d'un triangle rectangle sont complémentaires.

7 Angles complémentaires

Deux angles d'un triangle sont complémentaires. L'un de ces angles mesure 27°. Combien mesurent les autres angles de ce triangle ? **La somme de 2 des angles est égale à 90°, l'un mesure 27°, donc l'autre mesure 90° − 27° = 63°. Comme la somme des angles du triangle est égale à 180°, le 3e mesure 90°.**

Que dire de ce triangle ? **Ce triangle est un triangle rectangle.**

• Revoir le sens du mot « complémentaire ».

Corrigés

8 Triangle rectangle isocèle

Compléter un triangle SEL rectangle isocèle en E et tel que ES = 35 mm.
Combien mesure l'angle $\widehat{SLE}$? **45°**

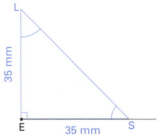

• On peut utiliser l'équerre pour construire l'angle droit $\widehat{SEL}$.

26 Géométrie et mesures
Calculer des aires de parallélogrammes et de triangles

 En Sixième on sait calculer l'aire d'un rectangle et d'un triangle rectangle. À partir de là, on obtient l'aire d'un parallélogramme puis celle d'un triangle. Ces aires sont étudiées ici.

1 Aires de tout repos

Indiquer sous chaque figure son aire en cm².

 8 cm²   **12** cm²   **7,5** cm²   **49** cm²

• Inutile de faire appel à la calculatrice ici !

2 Aires en carreaux

Compléter le tableau en indiquant les mesures en nombre de carreaux.

	Base	Hauteur	Aire en carreaux
Parallélogramme ABCD	3	2	3 × 2 = 6
Parallélogramme DEFG	1	4	1 × 4 = 4
Triangle DEH	3	4	(3 × 4) ÷ 2 = 6
Triangle BCK	3	1	(3 × 1) ÷ 2 = 1,5

• Pour le triangle BCK, la hauteur issue de K est à l'extérieur du triangle.

3 C'est la même aire

Dans le triangle ABC tracer la médiane issue de A. On note I le milieu de [BC].

Donner l'aire de ABC : **(4 × 3) ÷ 2 = 6 cm²**

Donner l'aire de AIC : **(2 × 3) ÷ 2 = 3 cm²**

Dans le triangle AIB, la hauteur issue de A est : **AH**

Donner l'aire de AIB : **(2 × 3) ÷ 2 = 3 cm²**

Que remarque-t-on ? **Aire (AIC) = Aire (AIB).**

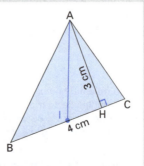

• Ce résultat est général. Une médiane partage le triangle en deux triangles de même aire.

4 Aire d'autoroute

Une autoroute traverse un champ rectangulaire (dimensions indiquées sur la figure).

a. L'aire du tronçon d'autoroute est : **50 × 120 = 6 000 m².**

b. L'aire de la surface cultivable restante est : **Aire du rectangle moins aire du parallélogramme : 120 × 150 − 6 000 = 12 000 m².**

● Le tronçon d'autoroute est un parallélogramme de base 50 m et de hauteur 120 m.

5 Dans un quadrillage

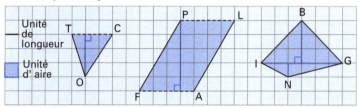

a. Aire du triangle TOC : **Aire = (base × hauteur) ÷ 2 = (3 × 3) ÷ 2 = 4,5.**

b. Aire du parallélogramme PLAF : **base × hauteur = 4 × 5 = 20.**

c. Aire du quadrilatère BING : **Aire de BIG + Aire IGN**
= (6 × 3) ÷ 2 + (6 × 1) ÷ 2 = 12.

● Le quadrilatère BING se décompose en deux triangles dont on peut facilement calculer l'aire.

6 Exercice à la hauteur

a. Un triangle ABC a une aire de 42 cm². Le côté BC mesure 12 cm. Combien mesure la hauteur issue de A ?

Si on note h la hauteur issue de A, on a :
(12 × h) ÷ 2 = 42 d'où 12 × h = 84
donc h = 84 ÷ 12, soit h = 7 cm

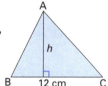

b. La hauteur d'un parallélogramme mesure 4 m et la base correspondante 13 m. L'autre hauteur mesure 12 m. Combien mesure la base correspondante ?

L'aire du parallélogramme mesure 4 × 13 = 52 m². Notons b la base cherchée : on a : 12 × b = 52, donc b = 52 ÷ 12 soit b ≈ 4,3 m.

7 Autour du périmètre

Un triangle ABC isocèle en A a une aire de 12 cm². La hauteur issue de A mesure 4 cm et celle issue de B mesure 4,8 cm. Calculer le périmètre du triangle.

On a BC × 4 ÷ 2 = 12 donc BC × 4 = 24 donc BC = 6 cm. De même AC × 4,8 ÷ 2 = 12 donc AC × 4,8 = 24 donc AC = 5 ; mais AB = AC, donc le périmètre de ABC mesure : 6 + 2 × 5 = 16 cm.

● D'abord on calcule BC puis ensuite AC. Comme le triangle est isocèle en A, AC = AB et on peut conclure.

Corrigés

27 — Géométrie et mesures
Calculer le périmètre et l'aire d'un disque

Le nombre π a été vu en Sixième pour le calcul du périmètre du cercle. Ce nombre apparaît de nouveau en Cinquième pour le calcul de l'aire du disque.

1 Les coins ou le carreau ?

Comparer les aires des parties colorées des figures ① et ②.

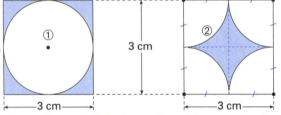

- On peut, ici, comparer les deux aires sans les calculer.

En traçant les 2 médianes du carré de la figure ② on fait apparaître les 4 morceaux colorés de la figure ①. Les deux aires sont donc égales.

2 Aire d'un disque

Compléter le tableau suivant en donnant les résultats à 0,01 près.

Rayon	Diamètre	Périmètre	Aire
4 m	8 m	25,13 m	50,27 m²
2 m	4 m	12,57 m	12,57 m²
0,64 m	1,27 m	4 m	1,27 m²

- Si le périmètre mesure 4 m alors le diamètre mesure $4 \div \pi$ soit 1,27 m environ.

3 Le joli cœur

Calculer l'aire du cœur sachant que ABCD est un carré de côté 4.

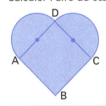

Le cœur est constitué d'un carré d'aire $4 \times 4 = 16$ et d'un disque de rayon 2.

D'où l'aire du cœur : $16 + 4\pi$ soit environ 28,57.

- Le périmètre du joli cœur est $8 + 4\pi$.

4 La ficelle

Avec une ficelle nouée de longueur 24 cm, on a fabriqué :

un carré — un disque — un rectangle comme celui-ci

Calculer et comparer les aires de ces trois figures.

Carré : côté = $24 \div 4 = 6$ cm ; aire = $6 \times 6 = 36$ cm².

Disque : rayon = $24 \div (2\pi) \approx 3{,}82$ cm ; aire = $\pi R^2 \approx 45{,}84$ cm².

Rectangle : largeur = $24 \div 6 = 4$, d'où longueur = $2 \times 4 = 8$ cm et aire = $4 \times 8 = 32$ cm².

Le disque a la plus grande aire.

- Pour le disque on a $2 \times \pi \times R = 24$, donc $R = 24 \div (2\pi)$ soit $R \approx 3{,}82$ cm.

5 La fleur de crucifère

Calculer en carreaux l'aire de la partie en couleur (à 0,01 près).

Aire du carré ABCD :
$4 \times 4 = 16$
**Aire des 4 pétales : aire de
4 fois $\frac{3}{4}$ de disque =**
$4 \times (\pi \times 2 \times 2) \times \frac{3}{4} = 12\pi$
Aire du disque central :
$1 \times 1 \times \pi = \pi$
L'aire de la fleur est donc :
$12\pi + 16 - \pi = 11\pi + 16$
$\approx 50{,}56.$

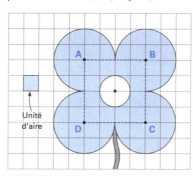

● Il est intéressant de conduire le calcul avec la lettre π jusqu'à ce que l'on trouve la valeur exacte de l'aire de la fleur 11π + 16. Ensuite on trouve une valeur approchée avec la calculatrice.

6 La piscine

On a donné la forme suivante à une piscine.

a. Calculer l'aire de cette piscine en m² , à 1 dm² près.

**Il y a deux carrés, un demi disque de rayon 5 m et
1 disque de rayon 5 m d'où
l'aire de la piscine = $10 \times 10 + 5 \times 5 + 25 \times \pi \div 2 + 25\pi = 125 + 37{,}5\pi \approx 242{,}8$ m².**

b. Calculer le périmètre du contour de la piscine.

Le périmètre mesure : $2 \times 10 + 10 \times \pi \div 2 + 10 \times \pi = 20 + 15\pi$ soit environ 67,12 m.

● Il est intéressant de conduire le calcul avec la lettre π jusqu'à ce que l'on trouve la valeur exacte de l'aire de la piscine.

28 Géométrie et mesures
Décrire des prismes et des cylindres

 Pour représenter des solides sur une feuille de papier, on fait des dessins en perspective et pour réaliser ces solides, on dessine des patrons.

1 Prismes à compléter

Compléter les dessins inachevés du prisme SOLIDE (les traits cachés sont en pointillés).

● On peut commencer par la face LEI au **a.** et par la face SOLE au **b.**

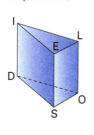
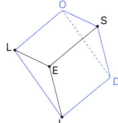
a.
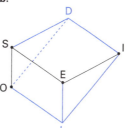
b.

Corrigés

2 Vocabulaire

En utilisant le dessin de l'exercice 1, citer :

- 2 arêtes parallèles : **[OL] et [ID]**
- 2 faces parallèles : **LIE et DOS**
- 2 arêtes perpendiculaires : **[ES] et [DS]**
- 2 faces perpendiculaires : **DOS et DIES**

D'autres réponses sont possibles.
● Les faces triangulaires sont parallèles entre elles et sont perpendiculaires aux faces latérales.
● Les arêtes latérales sont parallèles et perpendiculaires aux côtés des bases.

3 Cylindre et parallélépipède

Compléter le dessin ci-contre de façon à représenter un cylindre inscrit dans un parallélépipède à base carrée.

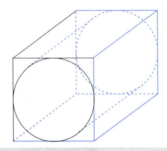

● La base du cylindre est représentée ici par un cercle.

4 Prisme à base triangulaire

Dessiner un patron de ce prisme droit en respectant les dimensions.

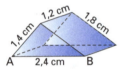
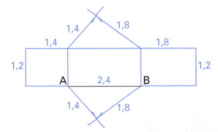

● On dessine d'abord les rectangles latéraux puis les bases triangulaires.

5 Patron de cylindre

Dessiner un patron d'un cylindre (sans fonds) de 1,5 cm de hauteur et de 2 cm de diamètre.

● S'inspirer du dessin du patron de cylindre, p. 59 (chapitre 28).

6 Dessin à main levée

Dessiner à main levée :

a. Un prisme à base triangulaire et dont une arête latérale est [AB].

b. Un cylindre dont l'axe est dessiné.

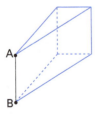
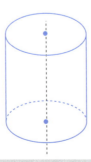

● Pour le raisonnement géométrique un dessin à main levée est généralement suffisant, et plus rapide à réaliser.

29 Géométrie et mesures
Calculer des aires et des volumes

 De nombreux objets de la vie courante ont la forme d'un cylindre ou d'un prisme droit (boîtes de conserve, disques compacts, toits de maisons, etc.). On apprend ici à évaluer leur volume ou les aires de leurs parois.

1 Seaux de sable
Combien de seaux de 12 litres peut-on remplir avec un tas de sable de 3 m³ ?

On a 3 m³ = 3 000 L, d'où nombre de seaux : 3 000 ÷ 12 = 250.

• Attention aux unités !

2 Embouteillage
Combien de bouteilles de 75 cL peut-on remplir avec les 30 litres d'un cubitainer ?

On a 30 L = 3 000 cL, d'où nombre de bouteilles : 3 000 ÷ 75 = 40.

• 75 cL = $\frac{3}{4}$ L.
On peut aussi calculer :
$30 \div \left(\frac{3}{4}\right) = 40$.

3 Une pièce de bois
Une pièce de bois de 1,50 m de long a la forme d'un parallélépipède dont la base est un carré de 30 cm de côté.
Calculer le volume en m³ de cette pièce de bois. **Écrivons en mètre : 30 cm = 0,30 m.**
Volume de la pièce de bois : (0,30)² × 1,50 soit 0,135 m³.

• Volume d'un parallélépipède : $L \times l \times h$.

4 La tente canadienne
Une tente de camping de 2,40 m de long, de 1,30 m de large et de 1,20 m de hauteur a la forme d'un prisme triangulaire.

a. Calculer l'aire du tapis de sol de la tente : **Le tapis est un rectangle de 2,40 sur 1,30, son aire est donc 2,40 × 1,30 soit 3,12 m².**

b. Calculer le volume disponible sous la tente : **Aire de la base triangulaire : (1,30 × 1,20) ÷ 2 = 0,78 m².**
Volume de la tente : 0,78 × 2,40 = 1,872 m³.

• La tente est un prisme à base triangulaire dont la hauteur est horizontale et la base dans un plan vertical.

5 Le bon tuyau
On veut fabriquer un tuyau de poêle de 70 cm de long et 7,5 cm de rayon. Quelle surface de tôle faut-il employer ? (Ne pas tenir compte des raccords.)

La surface de tôle est un rectangle de 70 cm sur 2 × 7,5 × π ; d'où son aire : 70 × 2 × 7,5 × π soit 3 298,7 cm² ou 0,33 m² environ.

• On donne la réponse en m², l'unité ici la plus pratique.

Corrigés

6 Prismes à base triangulaire

Compléter le tableau. (Faire les calculs au brouillon.)

b (en cm)	h (en cm)	H (en cm)	Aire de base (en cm²)	Volume (en cm³)
5	2	8	**5**	**40**
6	**$\frac{8}{3}$**	5	8	**40**
4	2,5	**4**	5	20
2,5	4	10	**5**	50

- Pour la 2ᵉ ligne on a :
$8 = \frac{6 \times h}{2}$ donc
$6 \times h = 16$
donc $h = \frac{16}{6} = \frac{8}{3}$.
- Pour la 3ᵉ ligne on a :
$20 = 5 \times H$
donc $H = 4$ cm.

7 Pile de cubes

Cinq cubes identiques posés l'un sur l'autre atteignent une hauteur de 45 cm. Calculer le volume de l'un de ces cubes.

L'arête du cube est donc 45 ÷ 5 soit 9 cm, le volume est donc 9³ soit 729 cm³.

8 Aire latérale

Calculer l'aire latérale d'un prisme de 12 cm de hauteur et dont la base est un triangle équilatéral de 5 cm de côté.

Périmètre de base : 3 × 5 soit 15 cm. Aire latérale : 15 × 12 soit 180 cm².

- Aire latérale =
Périmètre de base × hauteur

9 Changement d'unités

Écrire en dm³.

60 m³ = **60 000 dm³** ; 0,4 m³ = **400 dm³** ; 125 cm³ = **0,125 dm³** ;
7 L = **7 dm³** ; 1300 cm³ = **1,3 dm³** ; 0,5 L = **0,5 dm³**.

- Les unités de volume vont de « 3 en 3 ».

10 Cylindres

Compléter le tableau avec des valeurs approchées à 0,1 près. (Faire les calculs au brouillon.)

Rayon r (en cm)	Diamètre (en cm)	Hauteur h (en cm)	Périmètre de base (en cm)	Aire de base (en cm²)	Aire latérale (en cm²)	Volume (en cm³)
2	**4**	10	**12,6**	**12,6**	**125,7**	**125,7**
2,5	5	7	**15,7**	**19,6**	**110**	**137,4**
1,6	**3,2**	6	10	**8**	**60,3**	**48,3**

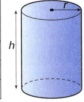

- Ici, les calculs ont été effectués avec la valeur de π donnée par la calculatrice.
- Pour la 3ᵉ ligne on a :
$10 = 2\pi r$ donc
$r = 10 \div (2\pi)$
soit $r \approx 1,5915$.

3 Repérage dans le plan

La courbe suivante représente la hauteur de l'eau dans un port en fonction de l'heure.

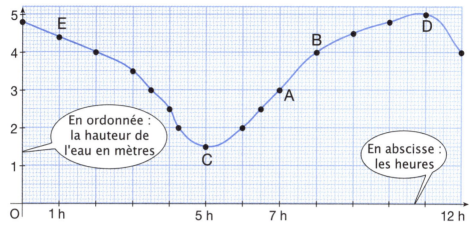

Répondre en lisant le graphique ci-dessus :

a. Quelles sont les coordonnées du point A ? A (......... ; ....) ; du point B ? ....

b. Quelles sont les coordonnées du point E ? .... ; du point C ? ....

c. Quelle est l'ordonnée du point de la courbe d'abscisse 3 ? ....

d'abscisse 8 ? .... ; d'abscisse 0 ? ....

d. Quelles sont les abscisses des points de la courbe dont l'ordonnée est 3 ? ....

e. Placer le point F de coordonnées (2 ; 4). Le point G de coordonnées (4 ; 2) est-il sur la courbe ? .... Placer le point H de coordonnées (6 ; 2).

f. Donner les coordonnées du point de la courbe ayant la plus grande ordonnée :

.... ; ayant la plus petite ordonnée : ....

4 Petit rat deviendra grand

Le tableau ci-contre donne la masse moyenne d'un rat (en grammes) en fonction de son âge.

Âge en jours	0	10	100	200	300	400	500	600	700
Masse moyenne	5	50	130	190	240	270	290	300	305

a. Graduer les axes et construire la courbe de croissance de notre petit rat.

b. Marquer le point B (600 ; 300).

c. Marquer le point A de la courbe d'abscisse 300. Quelle est son ordonnée ? ....

d. La masse du petit rat est-elle proportionnelle à son âge ?

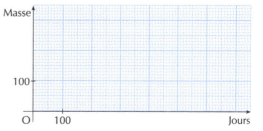

....

16 Diagrammes statistiques ; fréquences

■ Calcul de fréquences

Les fréquences (souvent exprimées en pourcentage) s'obtiennent à l'aide de la formule :

$$\text{Fréquence} = \frac{\text{Effectif}}{\text{Effectif total}}$$

Exemple : dans une classe de 24 élèves, 9 élèves portent des lunettes.
Calculer la fréquence des élèves portant des lunettes.

On a : effectif total = 24,
effectif = 9 } d'où fréquence = $\frac{9}{24}$ = 0,375 = 37,5 %.

1 C'est un devoir

Après avoir corrigé ses copies, un professeur construit le diagramme en bâtons ci-contre :

a. Combien de fois a-t-il mis la note 12 ? ....

b. Quelles sont les notes figurant sur trois copies au moins ? ....

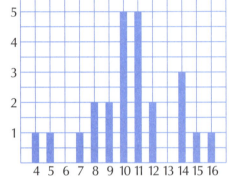

Le professeur n'a mis qu'une seule fois la note 4.

c. Compléter le tableau des fréquences exprimées en pourcentage.

Note	4	5	7	8	9	10	11	12	14	15	16
Fréquence en %											

d. Quel est le pourcentage des élèves n'ayant pas la moyenne ?

d. Il y a deux façons de procéder.

....

2 Allez les bleus !

Voici les tailles (en cm) des 24 minimes d'un club de football :

    134   136   156   152   146   139   158   140
    145   148   138   151   147   148   162   156
    141   151   147   160   157   143   153   149

a. Compléter le tableau suivant où l'on regroupe les tailles en 7 classes.

Taille en cm	130 ≤ T < 135	135 ≤ T < 140	140 ≤ T < 145	145 ≤ T < 150	150 ≤ T < 155	155 ≤ T < 160	160 ≤ T < 165
Effectif							

b. Construire l'histogramme représentant ce tableau.

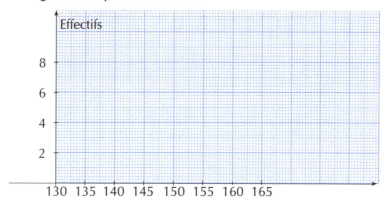

3 Diagramme circulaire

Voici le « camembert » des cinq sports pratiqués par les 288 adhérents d'un club.

Compléter le tableau suivant en mesurant d'abord les angles sur le dessin :

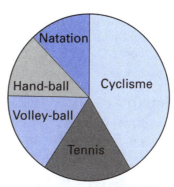

Mesure les angles avec ton rapporteur.

Sport	Cyclisme	Natation	Hand-ball	Volley-ball	Tennis	Total
Degrés						360°
Effectif						288
Fréquence en %						100 %

Arrondis à l'entier le plus proche pour les effectifs, et à 0,1 % près pour les fréquences.

4 Sportez-vous bien

Les joueurs se rendent au stade à pied, en vélo, en auto ou en bus.

a. Compléter le tableau de proportionnalité ci-dessous :

	Pied	Vélo	Auto	Bus	TOTAL
Effectif	11	8	4	7	
Degrés					360°
Fréquence en %					100 %

b. Construire le diagramme circulaire correspondant à ce tableau.

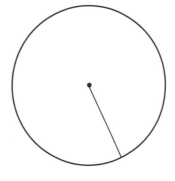

Arrondis les fréquences à 1 % près.

35

17 Construire des symétriques par rapport à un point

■ **Définition**
A' est le symétrique de A par rapport à O si O est le milieu de [AA'].
Seul le point O est symétrique de lui-même.

■ **Propriétés**
• Le symétrique d'une droite *d* par rapport à O est une droite parallèle à *d*.
• Le symétrique par rapport à O d'un segment [AB] est un segment [A'B'] de même longueur.
• Le symétrique d'un cercle par rapport à O est un cercle de même rayon. Les centres sont symétriques par rapport à O.

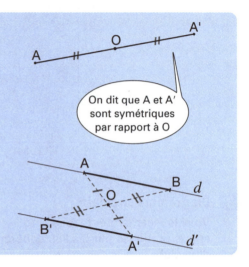

On dit que A et A' sont symétriques par rapport à O

1 Symétriques de points (1)

Marquer en couleur les symétriques A', B', C', D' et E' des points A, B, C, D et E par rapport au point O.

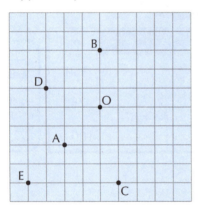

2 Symétriques de points (2)

Même travail qu'à l'exercice précédent.

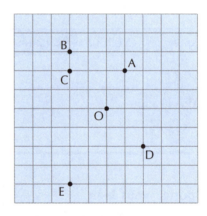

3 Symétrique d'un triangle (1)

Construire le symétrique du triangle par rapport au point O.

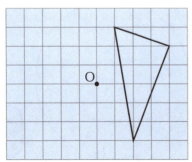

4 Symétrique d'un triangle (2)

Même travail qu'à l'exercice précédent.

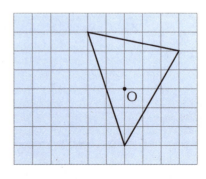

5 Symétrique d'un triangle (3)

O est le milieu de [AC].

a. Construire D le symétrique de B par rapport à O.

b. Quel est le symétrique par rapport à O

de A ? ...... ; de C ? ...... ; de D ? ......

c. Quel est le symétrique par rapport à O

du segment [BC] ? ...... ; de [AB] ? ....

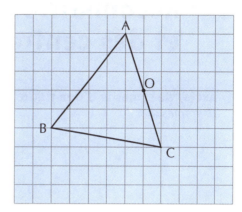

6 Le TOUR

a. Construire le symétrique T'O'U'R' du quadrilatère TOUR, par rapport au point J.

b. En ajoutant les périmètres de TOUR et de T'O'U'R' on obtient 23,2 cm. Quel est le périmètre de TOUR ?

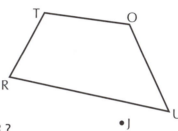

a. À l'aide de la règle et du compas commence par construire T' tel que J soit le milieu de [TT'].

………………………………………………

………………………………………………

7 Symétrique d'une droite

Construire le point A symétrique de E par rapport à O, puis le point B symétrique de F par rapport à O.

Que dire des droites (AB) et (EF) ?
Justifier :

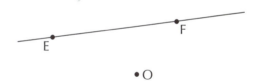

………………………………………………

………………………………………………

8 Symétriques d'un cercle

a. Construire le symétrique du cercle par rapport au point A.

b. Même travail avec le point B.

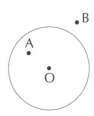

18 Reconnaître des axes et des centres de symétrie

Géométrie et mesures

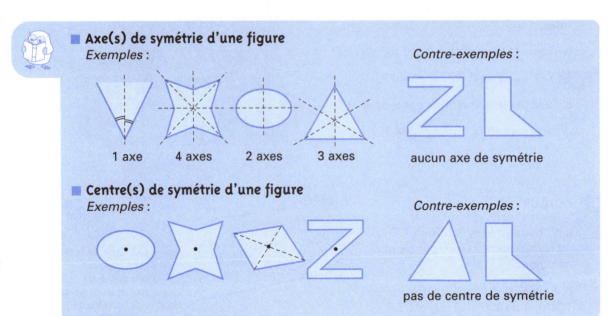

1 Mal centré

Noircir d'autres cases pour que O soit centre de symétrie de ces figures.

a. b. c.

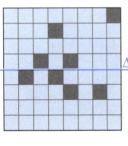

On obtiendra un noir dessin.

2 Mal axé

Noircir d'autres cases pour que ces figures soient symétriques par rapport à la droite Δ.

a. b. c.

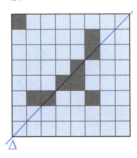
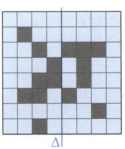
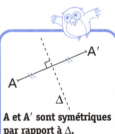

A et A′ sont symétriques par rapport à Δ.

3) Objets géométriques (1)

Sur chaque dessin, tracer les axes et centres de symétrie (s'ils existent !).

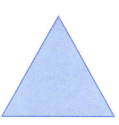

Triangle équilatéral — Rectangle — Parallélogramme

Tu peux utiliser l'équerre, le rapporteur ou le compas.

4) Objets géométriques (2)

Même travail qu'à l'exercice précédent.

Carré — Angle — Spirale

5) Rosace et fleur

Dans chaque cas, la figure possède deux axes de symétrie d et Δ. Seule une partie de la figure a été dessinée.

a. Compléter les deux dessins à l'aide du compas.

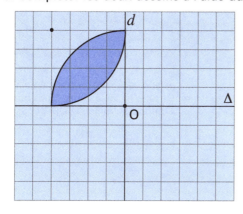
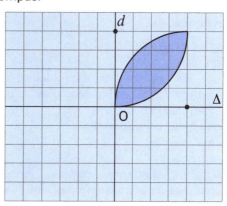

b. Ces figures admettent-elles un centre de symétrie ? ……… Si oui, lequel ? ………

Admettent-elles d'autres axes de symétrie ? ……… Si oui, les tracer.

19 Symétries et angles
Géométrie et mesures

■ **Symétrique d'un angle**

• Par rapport à une droite

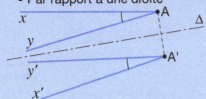

• Par rapport à un point

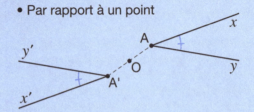

Deux angles symétriques par rapport à une droite ou à un point ont la même mesure.

1 Avec un triangle

a. Tracer le symétrique F'A'C' du triangle FAC par rapport au point J.

b. Noter sur le dessin les angles de même mesure.

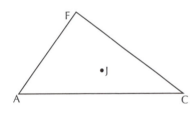

2 Avec un quadrilatère

a. Tracer le symétrique T'O'Q'P' du quadrilatère TOQP par rapport à la droite d.

b. Colorier d'une même couleur les angles de même mesure.

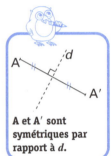

A et A' sont symétriques par rapport à d.

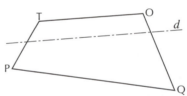

■ **Angles et droites sécantes**
Les angles **opposés par le sommet** ont même mesure. (En effet, ils sont symétriques par rapport à J.)

■ **Angles et droites parallèles**
Propriétés
• Si les droites d et d' sont parallèles alors :
– les angles **alternes internes** ② et ③ ont même mesure ;
– les angles **correspondants** ① et ④ ont même mesure.
Réciproques
• Si les angles **alternes internes** ② et ③ ont même mesure alors les droites d et d' sont parallèles.
• Si les angles **correspondants** ① et ④ ont même mesure alors les droites d et d' sont parallèles.

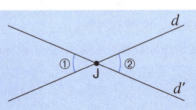

Les angles ② et ③ ont la même mesure car ils sont symétriques par rapport au milieu I de [AB]

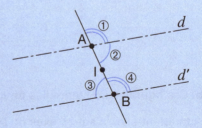

3 Avec des parallèles

Les droites D, D' et D'' sont parallèles.
Donner la mesure des angles :

$\widehat{a}$ = ... $\widehat{b}$ = ...

$\widehat{c}$ = ... $\widehat{d}$ = ...

$\widehat{e}$ = ... $\widehat{f}$ = ...

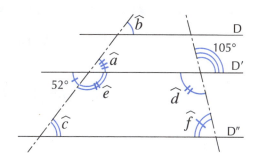

4 Parallèles ?

Les droites (Ay) et (Bz) sont-elles

parallèles ? ....

Pourquoi ? ....

....

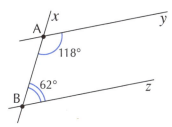

180° − 118° = ...

5 Avec un trapèze ABCD

a. Tracer la parallèle à (BD) passant par C.
Tracer la parallèle à (AC) passant par D.
Ces deux droites se coupent en O.

b. Indiquer sur le dessin les angles
mesurant 28° puis ceux mesurant 22°.

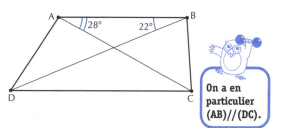

On a en particulier (AB)//(DC).

6 Avec un triangle rectangle (1)

La droite Δ est parallèle à (BC).
Combien mesure l'angle $\widehat{x}$?

....

l'angle $\widehat{y}$? ....

Calculer la somme des mesures des angles $\widehat{x}, \widehat{a}, \widehat{y}$.

....

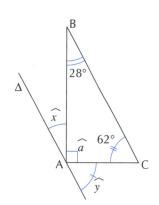

7 Avec un triangle rectangle (2)

Le triangle ABC est rectangle en A.
a. Combien mesure l'angle $\widehat{x}$? ....
b. Expliquer pourquoi (BD) est parallèle à (AI) :

....

....

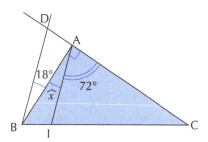

41

20 Connaître et utiliser les parallélogrammes

Géométrie et mesures

■ **Comment prouver qu'un quadrilatère est un parallélogramme**
Un quadrilatère vérifiant l'une des conditions suivantes est un parallélogramme :
• les côtés opposés sont parallèles,
• les diagonales se coupent en leur milieu,
• les côtés opposés ont même longueur,
• les angles opposés ont même mesure,
• deux côtés opposés sont parallèles et ont même longueur,
• le quadrilatère admet un centre de symétrie.
Pour démontrer qu'un quadrilatère est un parallélogramme il suffit de prouver qu'**une seule** de ces propriétés est vérifiée.

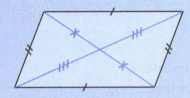

1 Reconnaître des parallélogrammes

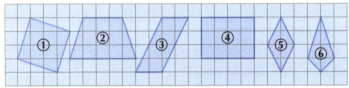

Citer tous les quadrilatères qui sont des parallélogrammes : ....

2 Avec les diagonales

Soit ABC un triangle et J le milieu de [BC]. Soit D le symétrique de A par rapport à J.
a. Compléter la figure.
b. Que dire du quadrilatère ABDC ?

....

Pourquoi ?

....

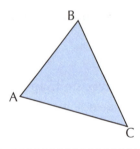

3 Avec les côtés opposés

Soit un segment [AB] et deux points K et J.
a. Construire les symétriques C et D des points A et B par rapport à K.
b. Construire les symétriques E et F des points C et D par rapport à J.
c. Démontrer que (AB) // (DC) et AB = DC.

....

d. De même démontrer que (DC) // (EF) et DC = EF.

....

e. Que dire du quadrilatère ABFE ? ....

Un quadrilatère ayant deux côtés opposés parallèles et de même longueur est un parallélogramme.

■ **Propriétés du parallélogramme**
• Un parallélogramme admet un centre de symétrie : le point commun aux deux diagonales.
• Les diagonales d'un parallélogramme se coupent en leur milieu.
• Les côtés opposés d'un parallélogramme sont parallèles et de même longueur.
• Les angles opposés d'un parallélogramme ont même mesure.
• Deux angles consécutifs d'un parallélogramme sont **supplémentaires**.
(Cela signifie que la somme de leurs mesures vaut 180°.)

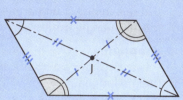

4 Angles et parallélogramme

ABCD est un parallélogramme dont l'angle $\widehat{A}$ mesure 113°. Donner :
• $\widehat{C}$ = ... ;
• $\widehat{B}$ = ... ;
• $\widehat{D}$ = ...

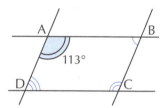

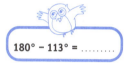

180° − 113° = ...

5 Côté commun

Soit ABCD et CDEF deux parallélogrammes ayant le côté [CD] en commun.

a. Compléter la figure.
b. Prouver que AB = EF et (AB) // (EF).

....
....
....

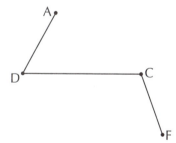

c. Citer un troisième parallélogramme : ....
d. Montrer que [AF] et [BE] ont le même milieu : ....
....

6 Cercles et parallélogramme

Les deux cercles ont le même centre.
Prouver que AD = BC et (AD)//(BC).

....
....
....

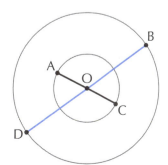

Tu peux commencer par démontrer que ABCD est un parallélogramme.

21 Géométrie et mesures
Connaître et utiliser les rectangles

■ **Une définition**
Un rectangle est un parallélogramme qui a un angle droit.

■ **Propriétés**
• Les côtés opposés sont parallèles et de même longueur.
• Les quatre angles sont droits.
• Les diagonales sont de même longueur et se coupent en leur milieu (qui est le centre de symétrie du rectangle).
• Les médianes sont axes de symétrie.

■ **Le carré**
Un carré est un rectangle ayant ses quatre côtés de même longueur.
Un carré a donc toutes les propriétés des rectangles.

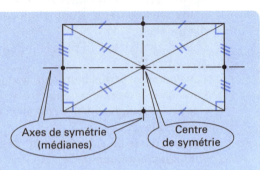

1 Les voyez-vous tous ?
Compter les carrés et les rectangles non carrés dans les figures suivantes.

a.
.... carrés
.... rectangles non carrés

b.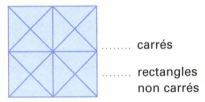
.... carrés
.... rectangles non carrés

Attention, un carré peut en cacher un autre !

2 Quatre plats dans un four
Peut-on enfourner, les uns à côté des autres, quatre plats rectangulaires de 16 cm x 24 cm dans un four de 43 cm x 43 cm ?

....

Si oui, faire un dessin à l'échelle 1/10.

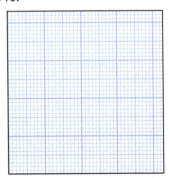

3 Rectangle incomplet (1)
Construire les sommets B, C et D d'un rectangle ABCD ayant d et d' pour axes de symétrie.

A• d

                    d'

2. Tu peux découper dans du carton 4 rectangles identiques...

3. Construis le symétrique de A par rapport à d,

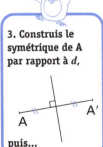

puis...

4 Rectangle incomplet (2)

Construire le sommet D du rectangle ABCD.

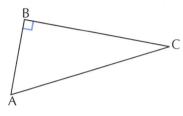

5 Rectangle incomplet (3)

Construire les sommets D et C du rectangle ABCD, dont le centre de symétrie est O.

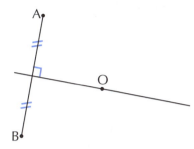

Utilise la règle, le compas ou l'équerre.

5. Construis le symétrique de A par rapport à O.

6 Rectangle incomplet (4)

a. Construire les sommets B et D d'un rectangle ABCD, ayant d pour axe de symétrie.

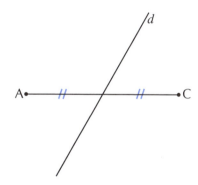

b. Tracer l'autre axe de symétrie.

7 Rectangle incomplet (5)

a. Construire les sommets B et D d'un rectangle ABCD, sachant que B est un point de la droite d.

b. Placer O le centre de symétrie de ABCD.

6. et 7.
Construis la perpendiculaire à d passant par C.

8 Diagonale commune

a. Construire deux rectangles PAIN et POIS de dimensions différentes mais ayant la diagonale [PI] en commun.

b. Compléter :
AN = ... = ...

9 Un carré

a. Construire les sommets B, C et D d'un carré ABCD, tel que d soit un axe de symétrie et (AB) // d.

b. Placer O le centre de symétrie de ABCD.

8. Il y a beaucoup de solutions. Commence par tracer une droite d passant par P puis la perpendiculaire à d passant par I. Complète alors le rectangle.

45

22 Connaître et utiliser les losanges

Géométrie et mesures

■ **Une définition**
Un losange est un parallélogramme qui a deux côtés consécutifs (*) de même longueur.

■ **Propriétés**
• Les côtés opposés sont parallèles.
• Les quatre côtés sont de même longueur.
• Les diagonales sont perpendiculaires et se coupent en leur milieu (qui est le centre de symétrie du losange).
• Les diagonales sont axes de symétrie (et donc bissectrices des angles du losange).

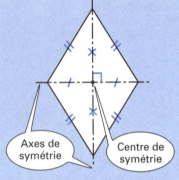

Axes de symétrie   Centre de symétrie

■ **Le carré**
Un carré est un losange ayant ses quatre angles droits.
Un carré a donc toutes les propriétés des losanges.

* « Consécutifs » veut dire « qui se suivent ».

1 Les voyez-vous tous ?

ABCDEF est un hexagone régulier inscrit dans le cercle 𝒞 de centre O.

a. Citer les trois losanges de centre O.

....

b. Colorier six losanges dont un sommet est O et deux autres sommets non situés sur 𝒞.

b. Certains côtés des losanges de sommet O ne sont pas tracés.

2 Médiatrices

ABCD est un losange de centre O. Compléter :

a. La médiatrice de [AC] est la droite ....

Celle de [BD] est la droite ....

b. Dessiner un losange BIDE. Ses sommets I et E sont situés sur la droite ....

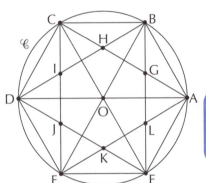

b. Utilise les points B et D du losange ABCD.

3 Cerf-volant

a. Le quadrilatère CERF est-il un losange ? Justifier.

....

....

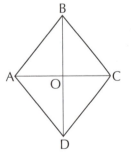

b. Construire sur la figure précédente les points I et U tels que FRIC et CURE soient des losanges.

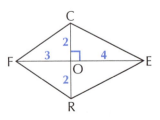

4 Losange incomplet (1)

Construire les sommets O et A d'un losange LOSA ayant 3,5 cm de côté.

5 Losange incomplet (2)

Construire les sommets S et A du losange LOSA dont la diagonale [LS] est sur la demi-droite [Lt).

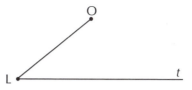

4. O est situé à 3,5 cm de L et de S. Il en est de même pour le point A.

5. A est le symétrique de O par rapport à [Lt).

6 Losange incomplet (3)

Construire les sommets O et A d'un losange LOSA dont le sommet O est situé sur [Lx).

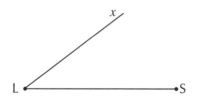

7 Côté commun

• Construire deux losanges non superposables ROUE et RAIE ayant le côté [RE] en commun.

6. Construis la médiatrice de [LS].

7. Les 4 côtés d'un losange ont la même longueur.

8 Angles d'un losange

a. Construire un losange LOSA dont l'angle $\widehat{L}$ mesure 65°.

9 Un carré

Construire les sommets BCD d'un carré ABCD de centre O.

9. C est le symétrique de A par rapport à O. La diagonale [BD] est la médiatrice de [AC] et on a OA = OB = OC = OD.

b. Combien mesurent les autres angles ?

$\widehat{O}$ = ……… ; $\widehat{S}$ = ……… ;
$\widehat{A}$ = ………

23 Géométrie et mesures
Construire des triangles

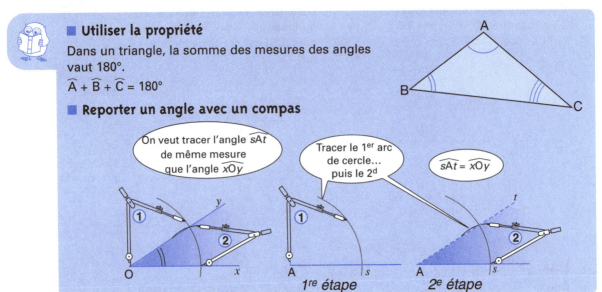

■ **Utiliser la propriété**

Dans un triangle, la somme des mesures des angles vaut 180°.

$\widehat{A} + \widehat{B} + \widehat{C} = 180°$

■ **Reporter un angle avec un compas**

On veut tracer l'angle $\widehat{sAt}$ de même mesure que l'angle $\widehat{xOy}$

Tracer le 1er arc de cercle... puis le 2d

$\widehat{sAt} = \widehat{xOy}$

1re étape

2e étape

1 Avec trois côtés connus

Construire un triangle ABC tel que :

AB = 6 cm

BC = 5 cm

AC = 4 cm

Quel est le périmètre de ABC ?

.... cm.

Utilise la règle graduée et le compas.

2 Avec un angle entre deux côtés

Construire un triangle EFG tel que :

EF = 6 cm

EG = 4 cm

$\widehat{FEG}$ = 40°

Mesurer FG et donner le périmètre

de EFG : FG = ... cm.

Périmètre = ... cm.

Ici, l'angle connu a ses deux côtés connus.

Utilise la règle graduée, le compas et le rapporteur.

3 Avec un côté entre deux angles

Construire un triangle LMN tel que :

MN = 5 cm

$\widehat{NML}$ = 70°

$\widehat{MNL}$ = 50°

Calculer la mesure de $\widehat{MLN}$:

....

4 Avec un angle et deux côtés

Construire deux triangles PQR tels que :

PQ = 5 cm

$\widehat{QPR}$ = 35°

QR = 3 cm

Ici, l'un des côtés de l'angle donné est inconnu. Il y a plusieurs solutions.

5 Construction d'un triangle

Construire le triangle FAX ayant les mesures indiquées ici.

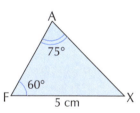

Calcule d'abord le 3ᵉ angle au brouillon.

6 Avec le compas

Compléter le triangle DEF sachant que $\widehat{E} = \widehat{B}$ et $\widehat{F} = \widehat{C}$.

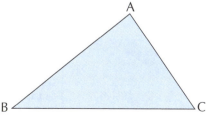

Reporte les angles avec le compas.

Expliquer pourquoi $\widehat{A} = \widehat{D}$.

....

24 Géométrie et mesures
Connaître des droites remarquables

■ **Définitions**

• La **médiane** issue de A est la droite passant par A et par le milieu I de [BC].

• La **hauteur** issue de A est la droite passant par A et perpendiculaire à [BC].

• La **médiatrice** de [BC] est la droite perpendiculaire à [BC] passant par le milieu I de [BC].

• La **bissectrice** issue de A est la droite (AE) telle que $\widehat{BAE} = \widehat{EAC}$.

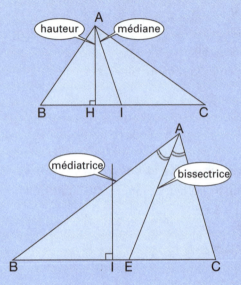

■ **Cercle circonscrit à un triangle**
Propriété :
Les **médiatrices** des trois côtés d'un triangle sont concourantes en un point qui est le centre du **cercle circonscrit** au triangle.

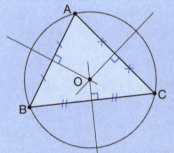

1 Droites remarquables

a. Tracer en trait plein, la hauteur issue de A, puis en pointillés la médiane issue de A.

b. Tracer la bissectrice issue de C puis la médiatrice de [AB].

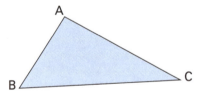

2 Avec trois angles aigus

a. Construire les trois médiatrices du triangle ABC.

b. Tracer le cercle circonscrit au triangle ABC.

c. Construire la hauteur issue de A (en pointillés).

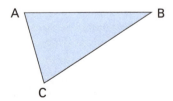

Les médiatrices du triangle sont les médiatrices des côtés.

3 **Avec un angle obtus**

a. Construire les médiatrices du triangle ABC.

b. Tracer le cercle circonscrit à ce triangle.

c. Construire la hauteur issue de A (en pointillés).

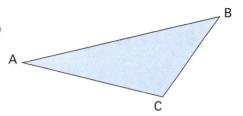

4 **Une démonstration**

a. Construire les trois médiatrices du triangle ABC. Elles se coupent en O.

b. Expliquer pourquoi OA = OB.

....

Et pourquoi OB = OC.

....

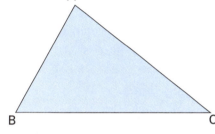

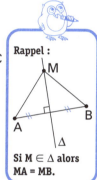

Rappel :

Si M ∈ Δ alors MA = MB.

c. Donc OA = ... = ... et les points A, B et C

sont sur un même cercle de centre ....

d. Tracer finalement le cercle de centre O passant par A, B et C.

On dit que ce cercle est .... au triangle ABC.

5 **Le puits**

Trois voisins habitant en A, B et C veulent forer un puits situé à égale distance des trois maisons.

a. Construire le point P où sera foré le puits.

b. Placer une quatrième maison en un point D situé à la même distance du puits que les trois autres maisons.

Pour le b., il y a plusieurs solutions.

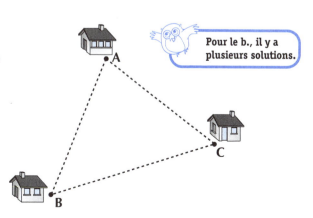

25 Connaître les propriétés des triangles particuliers

Géométrie et mesures

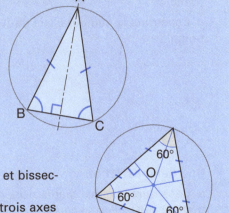

■ **Triangle isocèle**
• Définition : un triangle isocèle est un triangle qui a deux côtés de même longueur.
• Les angles à la base sont égaux.
• Un triangle ABC isocèle en A possède un axe de symétrie qui est la médiatrice du côté [BC], mais aussi la bissectrice de l'angle Â et la hauteur issue de A.

■ **Triangle équilatéral**
• Chaque angle mesure 60°.
• Les hauteurs sont aussi médianes, médiatrices et bissectrices du triangle.
• Le centre du cercle circonscrit est situé sur les trois axes de symétrie du triangle.

1 Avec le périmètre

La base d'un triangle isocèle mesure 7 cm et le périmètre 31 cm. Calculer la longueur de chacun des autres côtés du triangle. ....

....

2 Hauteur principale

Compléter un triangle ISO isocèle en I tel que
IS = 37 mm et OS = 28 mm.
Tracer la hauteur issue de I.
Quel est le symétrique de S par rapport à cette hauteur ?

....

O————————————S

3 Triangle équilatéral

Compléter un triangle équilatéral ART, sachant que son périmètre mesure 9,3 cm.
Tracer la médiane issue de T.
Construire le cercle circonscrit à ART.

T————————————A

Tu peux calculer la longueur d'un côté.

4 Avec un angle connu

Un angle d'un triangle isocèle mesure 56°.
Calculer la mesure des deux autres angles du triangle.

....

....

Il y a deux cas à étudier.

■ **Triangle rectangle**
• Le plus long côté d'un triangle rectangle s'appelle l'hypoténuse.
• La somme des deux angles aigus est égale à 90°.
$\widehat{B} + \widehat{C} = 90°$
(On dit que les angles aigus d'un triangle rectangle sont complémentaires.)

• Les angles à la base d'un triangle rectangle isocèle ont même mesure : 45°.

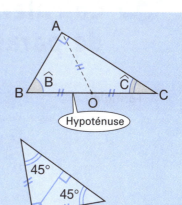

5 Médiane et hypoténuse

Compléter un triangle LOI, rectangle en L, sachant que LO = 41 mm et $\widehat{LOI}$ = 23°.
Construire et mesurer la médiane issue de L : .... mm

Mesurer l'hypoténuse : .... mm

6 Angles d'un triangle rectangle

Un angle d'un triangle rectangle mesure 58°. Donner la mesure des autres angles.

....

7 Angles complémentaires

Deux angles d'un triangle sont complémentaires. L'un de ces angles mesure 27°.
Combien mesurent les autres angles de ce triangle ?

....

Que dire de ce triangle ? ....

8 Triangle rectangle isocèle

Compléter un triangle SEL rectangle isocèle en E et tel que ES = 35 mm.
Combien mesure l'angle $\widehat{SLE}$? ....

Construis d'abord le segment [ES].

26 Calculer des aires de parallélogrammes et de triangles

Géométrie et mesures

■ **Formules**

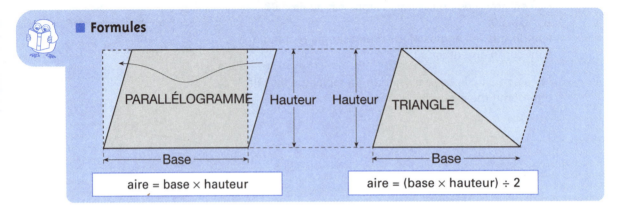

aire = base × hauteur

aire = (base × hauteur) ÷ 2

1 Aires de tout repos

Indiquer sous chaque figure son aire en cm².

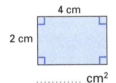 .... cm²

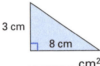 .... cm²

 .... cm²

 .... cm²

• Les dessins ne sont pas faits à l'échelle.
• Fais les calculs mentalement.

2 Aires en carreaux

Compléter le tableau en indiquant les mesures en nombre de carreaux.

	Base	Hauteur	Aire en carreaux
Parallélogramme ABCD			
Parallélogramme DEFG			
Triangle DEH			
Triangle BCK			

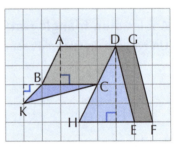

3 C'est la même aire

Dans le triangle ABC tracer la médiane issue de A. On note I le milieu de [BC].

Donner l'aire de ABC : ....

Donner l'aire de AIC : ....

Dans le triangle AIB, la hauteur issue de A est :

....

Donner l'aire de AIB : ....

Que remarque-t-on ? ....

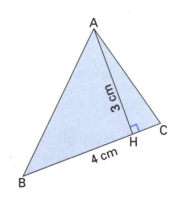

4 Aire d'autoroute

Une autoroute traverse un champ rectangulaire (dimensions indiquées sur la figure).

a. L'aire du tronçon d'autoroute est : ....

b. L'aire de la surface cultivable restante est : ....

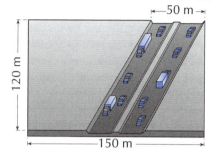

Le tronçon d'autoroute a la forme d'un .....

5 Dans un quadrillage

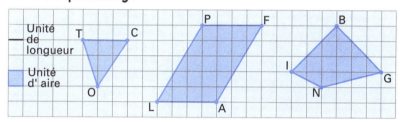

Pour le troisième cas, trace la diagonale [IG].

a. Aire du triangle TOC : ....

b. Aire du parallélogramme PLAF : ....

c. Aire du quadrilatère BING : ....

6 Exercice à la hauteur

a. Un triangle ABC a une aire de 42 cm². Le côté BC mesure 12 cm. Combien mesure la hauteur issue de A ?

....

....

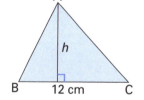

b. La hauteur d'un parallélogramme mesure 4 m et la base correspondante 13 m. L'autre hauteur mesure 12 m. Combien mesure la base correspondante ?

....

....

....

Commence par calculer l'aire du parallélogramme.

7 Autour du périmètre

Un triangle ABC isocèle en A a une aire de 12 cm². La hauteur issue de A mesure 4 cm et celle issue de B mesure 4,8 cm. Calculer le périmètre du triangle.

....

....

Commence par calculer BC puis AC.

27 Calculer le périmètre et l'aire d'un disque

Géométrie et mesures

1 Les coins ou le carreau ?

Comparer les aires des parties colorées des figures ① et ②.

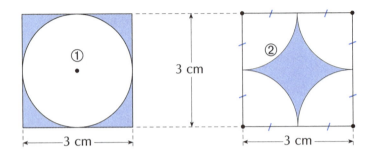

■ Formules

Pour un disque de rayon R,

$$\text{Périmètre} = 2 \times \pi \times R = 2\pi R$$

$$\text{Aire} = \pi \times R \times R = \pi R^2$$

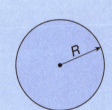

« Périmètre = 2 pierres »

« Aire = pierre carrée »

2 Aire d'un disque

Compléter le tableau suivant en donnant les résultats à 0,01 près.

Rayon	Diamètre	Périmètre	Aire
4 m			
	4 m		
		4 m	

Fais tes calculs au brouillon.

3 Le joli cœur

Calculer l'aire du cœur sachant que ABCD est un carré de côté 4.

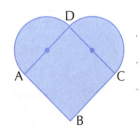

Calcule d'abord l'aire du carré.

4 La ficelle

Avec une ficelle nouée de longueur 24 cm, on a fabriqué :

- un carré
- un disque
- un rectangle comme celui-ci

Calculer et comparer les aires de ces trois figures.

> Les mathématiciens ont prouvé que, quelle que soit la longueur de la ficelle, l'aire du disque est toujours supérieure à celle du carré, qui est elle-même supérieure à l'aire de tout autre rectangle.

....
....
....

5 La fleur de crucifère

Calculer en carreaux l'aire de la partie en couleur (à 0,01 près).

Unité d'aire

> • Fais apparaître un carré.
> • Essaie de garder la lettre π dans les calculs le plus longtemps possible.

....
....
....
....
....
....
....
....
....

6 La piscine

On a donné la forme suivante à une piscine.

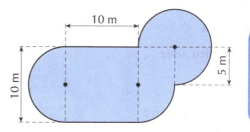

a. Calculer l'aire de cette piscine en m², à 1 dm² près.

> Décompose la piscine en deux carrés et plusieurs morceaux de disques.

....
....
....

b. Calculer le périmètre du contour de la piscine.

....
....
....

28 Décrire des prismes et des cylindres

Géométrie et mesures

■ **Vocabulaire**

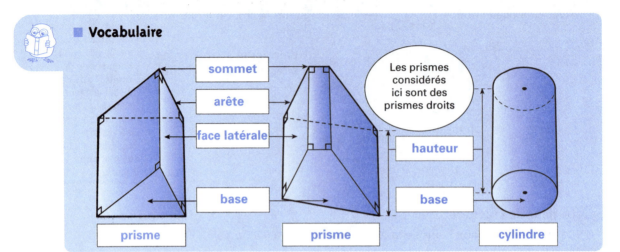

1 Prismes à compléter

Compléter les dessins inachevés du prisme SOLIDE (les traits cachés sont en pointillés).

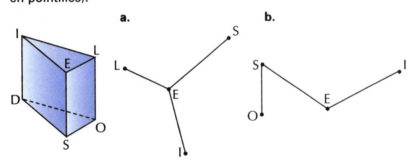

Dans un dessin en perspective :
– les droites parallèles sont représentées par des droites parallèles,
– les rectangles sont représentés par des parallélogrammes.

2 Vocabulaire

En utilisant le dessin de l'exercice 1, citer :

• 2 arêtes parallèles : .... • 2 faces parallèles : ....

• 2 arêtes perpendiculaires : .... • 2 faces perpendiculaires : ....

3 Cylindre et parallélépipède

Compléter le dessin ci-contre de façon à représenter un cylindre inscrit dans un parallélépipède à base carrée.

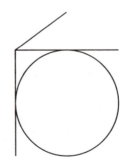

Commence par compléter le parallélépipède.

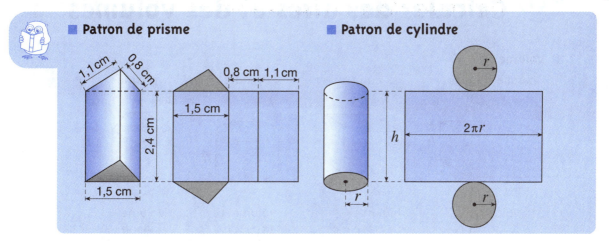

■ Patron de prisme   ■ Patron de cylindre

4 Prisme à base triangulaire

Dessiner un patron de ce prisme droit en respectant les dimensions.

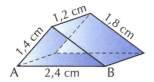

A •————————• B

5 Patron de cylindre

Dessiner un patron d'un cylindre (sans fonds) de 1,5 cm de hauteur et de 2 cm de diamètre.

Commence par calculer le périmètre du disque de base.

6 Dessin à main levée

Dessiner à main levée :

a. Un prisme à base triangulaire et dont une arête latérale est [AB].

b. Un cylindre dont l'axe est dessiné.

29 Calculer des aires et des volumes

Géométrie et mesures

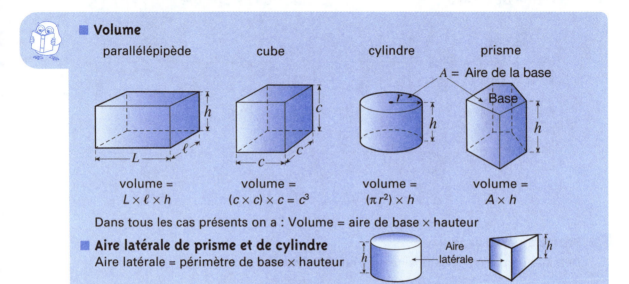

■ **Volume**

parallélépipède — cube — cylindre — prisme

A = Aire de la base

volume = $L \times \ell \times h$

volume = $(c \times c) \times c = c^3$

volume = $(\pi r^2) \times h$

volume = $A \times h$

Dans tous les cas présents on a : Volume = aire de base × hauteur

■ **Aire latérale de prisme et de cylindre**
Aire latérale = périmètre de base × hauteur

1 Seaux de sable

Combien de seaux de 12 litres peut-on remplir avec un tas de sable de 3 m³ ?

1 m³ = 1 000 L

2 Embouteillage

Combien de bouteilles de 75 cL peut-on remplir avec les 30 litres d'un cubitainer ?

1 L = 100 cL

3 Une pièce de bois

Une pièce de bois de 1,50 m de long a la forme d'un parallélépipède dont la base est un carré de 30 cm de côté.

Calculer le volume en m³ de cette pièce de bois.

Attention aux unités !

4 La tente canadienne

Une tente de camping de 2,40 m de long, de 1,30 m de large et de 1,20 m de hauteur a la forme d'un prisme triangulaire.

a. Calculer l'aire du tapis de sol de la tente :

b. Calculer le volume disponible sous la tente :

5 **Le bon tuyau**

On veut fabriquer un tuyau de poêle de 70 cm de long et 7,5 cm de rayon. Quelle surface de tôle faut-il employer ? (Ne pas tenir compte des raccords.)

....

6 **Prismes à base triangulaire**

Compléter le tableau. (Faire les calculs au brouillon.)

b (en cm)	h (en cm)	H (en cm)	Aire de base (en cm²)	Volume (en cm³)
5	2	8		
6		5	8	
4			5	20
	4	10		50

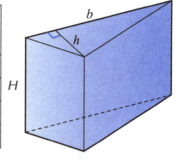

Aire d'un triangle de base b et de hauteur h : $\dfrac{b \times h}{2}$

7 **Pile de cubes**

Cinq cubes identiques posés l'un sur l'autre atteignent une hauteur de 45 cm. Calculer le volume de l'un de ces cubes.

....

8 **Aire latérale**

Calculer l'aire latérale d'un prisme de 12 cm de hauteur et dont la base est un triangle équilatéral de 5 cm de côté.

....

Calcule le périmètre de base.

9 **Changement d'unités**

Écrire en dm³.

60 m³ = ... ; 0,4 m³ = ... ; 125 cm³ = ... ;

7 L = ... ; 1300 cm³ = ... ; 0,5 L = ... ;

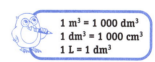

1 m³ = 1 000 dm³
1 dm³ = 1 000 cm³
1 L = 1 dm³

10 **Cylindres**

Compléter le tableau avec des valeurs approchées à 0,1 près. (Faire les calculs au brouillon.)

Rayon r (en cm)	Diamètre (en cm)	Hauteur h (en cm)	Périmètre de base (en cm)	Aire de base (en cm²)	Aire latérale (en cm²)	Volume (en cm³)
2		10				
	5	7				
		6	10			

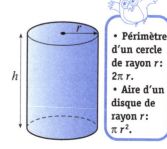

• Périmètre d'un cercle de rayon r : $2\pi r$.
• Aire d'un disque de rayon r : πr^2.

Unités de mesure

Longueurs

• L'unité de référence est le **mètre (m)**.

Unité	Symbole
kilomètre	km
hectomètre	hm
décamètre	dam
mètre	**m**
décimètre	dm
centimètre	cm
millimètre	mm

1 km = 1 000 m
1 hm = 100 m
1 dam = 10 m

1 dm = 0,1 m
1 cm = 0,01 m
1 mm = 0,001 m

Les unités de longueur vont de 10 en 10.

Aires

• L'unité de référence est le **mètre carré (m^2)**.

Unité	Symbole
kilomètre carré	km^2
hectomètre carré	hm^2
décamètre carré	dam^2
mètre carré	**m^2**
décimètre carré	dm^2
centimètre carré	cm^2
millimètre carré	mm^2

1 hm^2 = 10 000 m^2
1 dam^2 = 100 m^2

1 dm^2 = 0,01 m^2
1 cm^2 = 0,0001 m^2

Les unités d'aire vont de 100 en 100.

• En agriculture, on utilise aussi :

Unité	Symbole
hectare	ha
are	a

1 ha = 100 a = 10 000 m^2
1 a = 100 m^2

Masses

• L'unité de référence est le **gramme (g)**.

Unité	Symbole
kilogramme	kg
hectogramme	hg
décagramme	dag
gramme	**g**
décigramme	dg
centigramme	cg
milligramme	mg

1 kg = 1 000 g
1 hg = 100 g
1 dag = 10 g

1 dg = 0,1 g
1 cg = 0,01 g
1 mg = 0,001 g

• On utilise aussi :
– la tonne (t) ; 1 t = 1 000 kg
– le quintal (q) ; 1 q = 100 kg

Volumes

• L'unité de référence est le **mètre cube (m^3)**.

Unité	Symbole
kilomètre cube	km^3
hectomètre cube	hm^3
décamètre cube	dam^3
mètre cube	**m^3**
décimètre cube	dm^3
centimètre cube	cm^3
millimètre cube	mm^3

1 dam^3 = 1 000 m^3

1 dm^3 = 0,001 m^3

Les unités de volume vont de 1 000 en 1 000.

• Dans la vie courante, on utilise aussi :

Unité	Symbole
hectolitre	hL
décalitre	daL
litre	**L**
décilitre	dL
centilitre	cL
millilitre	mL

1 hL = 100 L = 0,1 m^3
1 daL = 10 L = 0,01 m^3
1 L = 1 dm^3
1 dL = 0,1 L
1 cL = 0,01 L
1 mL = 0,001 L = 1 cm^3

Durées

• L'unité de référence est la **seconde (s)**.

Unité	Symbole
seconde	**s**
minute	min
heure	h
jour	j

1 min = 60 s
1 h = 60 min = 3 600 s
1 j = 24 h = 86 400 s

On utilise aussi les divisions décimales de l'heure.
Exemple : 3,5 h = 3 h 30 min.

Angles

Unité	Symbole
degré	°

Exemple :
Un angle droit mesure 90 °.
Un angle plat mesure 180°.
Un angle plein mesure 360°.

Formulaire de géométrie

Quadrilatères

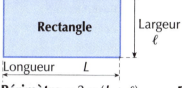 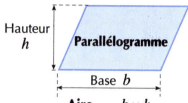

Périmètre = $2 \times (L + \ell)$
Aire = $L \times \ell$

Périmètre = $4 \times c$
Aire = $c \times c = c^2$

Aire = $b \times h$

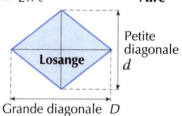 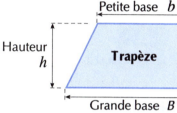

Aire = $\dfrac{D \times d}{2}$

Aire = $\dfrac{(B + b) \times h}{2}$

Triangles

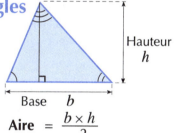

Aire = $\dfrac{b \times h}{2}$
Somme des angles = $180°$

Disques

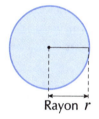

Aire = $\pi \times r^2$
Périmètre = $2\pi \times r$

Prismes et cylindres

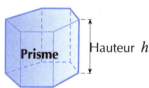 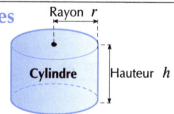

Base d'aire B et de périmètre p

Volume = $B \times h$
Aire latérale = $p \times h$

Aire de la base = $\pi \times r^2$
Volume = $\pi \times r^2 \times h$
Aire latérale = $2\pi \times r \times h$

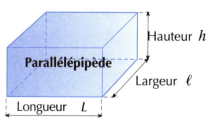 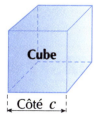

Volume = $L \times \ell \times h$
Aire totale = $2(L \times \ell + L \times h + \ell \times h)$

Volume = $c \times c \times c = c^3$
Aire totale = $6 \times c^2$

Index

A
Abscisse 32
Addition (de fractions) 12
Addition (de relatifs) 20
Aires 54, 56, 60
Alternes internes (angles)......40
Angles (d'un triangle) 48
Arête 58
Axe (de symétrie) 40

B
Base 54,58,60,63
Bissectrice 56

C
Calculs ....6 à 9
Carré 44, 46, 62
Centrale (symétrie).................36
Centre (de symétrie).........36, 38
Circonscrit (cercle)............50, 52
Comparaison
(de fractions) 10
Comparaison (de relatifs) 18
Complémentaires (angles)......53
Correspondants (angles)........40
Côté 63
Croissant (ordre).............11, 19
Cube 60, 63
Cylindre 58, 60, 63

D
Décroissant (ordre).................19
Diagramme circulaire.............35
Diagramme en bâtons 34
Disque 56, 63
Distributivité............................8
Diviseur 4
Divisibilité................................4
Dividende 5

E
Échelle 26
Encadrement 19
Équilatéral 39, 52

F
Fractions.........................10 à 15
Fractions égales......................10
Fréquence................................34

G
Graphiques ....32 à 35

H
Hauteur 50, 54, 58, 63
Histogramme 34
Hypoténuse 53

I
Isocèle (triangle) 52

L
Largeur 63
Latérale (aire) 60, 63
Latérale (face) 58
Longueur 63
Losange 46, 63

M
Magique (carré) 22
Médiane 44, 50
Médiatrice 50
Multiple 4
Multiplication (de fractions) ..14

N
Négatif 16

O
Opérations croisées ...12, 13, 15
Opposés (relatifs) 16
Opposés par le sommet
(angles)...................................42
Ordonnée 32

P
Parallèles (droites)............40, 41
Parallélépipède 58, 63
Parallélogrammes 42, 54, 63
Parenthèses...............................6
Patron 58

Périmètre................................56
Perspective.............................58
Positif 16
Pourcentages ....28 à 30
Priorité 6
Prisme 58, 60, 63
Prismes et cylindres........58 à 61
Proportionnalité.....................24

Q
Quadrilatère 63
Quatrième proportionnelle....24
Quotient (division)...................5

R
Rectangle................................44
Rectangle (triangle) 53
Rectangles et losanges..44 à 47
Relatifs (nombres) ....16 à 23
Reste (division) 5

S
Sécantes (droites)...................40
Simplification (d'une fraction).10
Sommet..................................66
Soustraction (de fractions) 12
Soustraction (de relatifs) 22
Spirale 39
Statistiques 34
Supplémentaires (angles)......43
Symétries ....36 à 43

T
Taxe (H.T. et T.T.C.).................29
Trapèze 63
Triangles particuliers..............52
Triangles quelconques
.................................48 à 51, 63

U
Unités de mesure 62

V
Volume 60, 62, 63